该书系教育部人文社会科学研究青年基金"联合国 2030 可持续发展目标在发展中国家基础教育领域的指标监测及发展走向研究 18YJC880020"的阶段性成果

Function Realization
and Reform Direction of the United Nations
Development System

联合国发展系统
功能实现与改革方向研究

梁 琳◎著

人民出版社

序

2016 年，笔者有幸前往联合国参加工作，并利用机会在工作和研究之余学会以鲜明的中国视角、广阔的世界眼光来审视联合国运作的规律和特点，与此同时思考联合国未来的改革和发展方向。

作为当今世界上最大的政府间国际组织，联合国自 1945 年成立至今，历经 70 余年的发展与变革，有力地维护了世界和平与发展。以联合国为核心的国际体系比历史上出现的任何一种体系都更加公平、合理——世界多极化和经济全球化深入发展，国与国之间的联系日益紧密。确切地讲，联合国日益成为一个多边外交的大舞台，各种国际关系行为体在这里粉墨登场，大国、小国、观察员、区域性组织、非政府组织、草根组织、跨国公司等在这里汇集，为了寻求共同利益不断加强合作，组成了一张复杂的全球互动网络。与此同时，联合国见证了新中国从诞生之初不断从国际舞台的边缘走向国际舞台的中心，并逐步成为维护世界和平安全的中坚力量。

新中国成立以来，中国对联合国的认识不断发展深化。作为联合国安理会常任理事国，同时也是世界上最大的发展中国家，中国一直坚定不移地捍卫联合国宪章宗旨和原则，坚定支持多边主义，携手各国一道共同致力于维护以联合国为核心的国际体系和以国际法为基础的国际秩序，是世界和平的建设者、全球发展的贡献者、国际秩序的维护者，更是推动构建人类命运共同体的重要力量。

当今世界正处于百年未有之大变局，人类社会既充满希望，又充满挑战。世界多极化、经济全球化、文化多样化、社会信息化深入发展，和平与发展仍是时代的主题，同时，全球深层次矛盾突出，不稳定性不确定性增多，国际格局和国际秩序也在加速调整演变，全球治理越来越需要全球性的规范、伦理和制度，联合国也需要与时俱进，不断进行调整和变革。然而，联合国仍在很大程度上保持着其成立以来的运行机制，经过长期的运转，其内部工作效率低、行政成本高等结构性问题越来越严重。笔者作为曾经在联合国工作的一员，也深有体会——虽然任何国家或行为体都无法取代联合国作为国际规则制定者、推广者和落实者的角色，但是这并不意味着联合国的发展系统一定要墨守成规，相反联合国必须与时俱进，积极适应和主动反映国际关系和世界格局的变化。

谈及联合国改革，我们首先不能回避的是联合国发展系统领域的变革，因为联合国的发展系统是其两大基础架构之一。不论是在冷战的"长和平"时期还是在冷战后自由主义大行其道的时期，或者当前新型国际关系格局时期，联合国发展系统始终在根据具体形势的变化作出合乎时宜的调整。这也是笔者此次研究联合国改革的切入点和着力点。为此，本书选取了对于联合国发展系统改革方面的研究，以客观而全面的视野研究联合国的发展体系和发展逻辑，重点聚焦其在理念方面的一连串重大创新，如"千年发展目标""可持续发展"等，以及联合国发展系统在世界遗产保护、环境保护、促进性别平等、人权状况改善与减贫脱贫、全球充分就业等方面同各国政府的密切协调与合作。

本书中关于联合国发展系统功能实现的有效方式部分，笔者单列为一章。该部分共分为四个方面，从具体到抽象、由外围到核心地呈现联合国发展系统具体功能实现的全貌。全球发展目标和具体功能的实现是相互对应、互为表里的，二者的发展趋向又与联合国发展系统本身改革的最新原则——"效率优先"不谋而合。此外，笔者着重从发展道路和增长模式出发对联合国全球发展目标的嬗变进行介绍，以及对联合国的四次重要改革进行详细的论述，力求使读者能对其达到一个整体认知。当前，全球发展目标不断更新且实现难度递增，加之日益多样的功能路径使系统的内部环路日趋复杂，这些都需要升级联合国发展系统的驱动"内核"，由内及外地带动其庞大的体系。只有高效的体系，才能使颇具难度的新一轮目标如期实现。

要注意的是，联合国改革本身就是大国博弈的角斗场，联合国改革绝不是一蹴而就、一片坦途的，特别是其发展系统领域的改革，能在无形中影响各国对于发展道路和增长模式的认知和选择。只有当联合国全体成员国特别是大国间达成共同政治意愿时，联合国改革才有可能取得突破性进展。当然，中国作为五大常任理事国之一，无疑能在其中发挥巨大作用。针对世界百年未有之大变局，习近平总书记提出构建以合作共赢为核心的新型国际关系，打造人类命运共同体，这将对未来国际关系的发展产生重要和深远的影响，值得我们在推动改革的过程中思考和实践。可以说，本书对联合国及其发展系统的改革有一定的参考作用，但改革后续如何有效推进，我们仍要拭目以待。

最后，衷心感谢人民出版社的大力支持，以及责任编辑的认真把关，让本书得以顺利出版。希望本书能够对我国合理有效地参与联合国事务与各项议程有积极的参考价值。

2020 年 4 月 14 日

目　录

绪　论

第二次世界大战结束之后，世界进入了长期的和平与发展时期，经济和科学技术突飞猛进，这也得益于联合国 70 多年来不断致力于推动全球经济、社会、环境发展。《联合国宪章》明确规定了联合国的性质及宗旨，其中所倡导的和平与安全、人权与司法以及人道主义等理念与近年来习近平总书记提出的构建人类命运共同体的价值观念有异曲同工之妙。

然而，我们不能忽视在这些发展成果的背后，仍然存在着很多棘手的社会、环境、资源问题。例如，在一些艾滋病等疾病仍十分普遍的非洲国家，人均预期寿命只有 40 岁；撒哈拉以南非洲部分地区的妇女分娩死亡率达 3%；印度仍有 5000 万名文盲学童。[①] 世界上平均每天有 6500 万名流离失所者，发生 40 起武装冲突。[②]

联合国发展系统无疑在促进全球经济增长方面发挥着重要作用，除

---

① 参见 UN Department of Public Information, *Charter of the United Nations*, New York: UN, 1945 and later years。

② 参见 Patricia Clavin, *Securing the World Economy: The Reinvention of the League of Nations*, Oxford: Oxford University Press, 2013。

此之外，其更多地将目光投向社会及环境问题的治理上。几十年来，联合国发展系统在全球教育、卫生、性别平等和环境保护等方面都作出了巨大努力，其中包括提出了四个十年战略目标、人类发展指数、千年发展目标、可持续发展目标。但这种努力也面临着新的问题和挑战。例如，联合国 2015 年通过了最新的可持续发展目标，旨在推动联合国《2030 年可持续发展议程》的顺利实施，但其技术性强于规范性，缺乏对联合国自身的标准和规范的关注。在这种情况下，联合国发展系统要重新确立其在引领全球发展中的核心地位，就必须依据自身的规范去调整业务，同时不断改革自身发展系统。而这种改革必须是双向的，既要对自身发展援助模式进行变革，也要对内部存在的问题进行纠正，克服组织碎片化的缺陷，从而更有效地追求合规性，更加充分地发挥规范性作用，以及在引领全球经济、社会、环境发展方面继续发挥重要作用。

本书的研究聚焦于联合国发展系统本身的功能性分析，而非探讨联合国在国际关系中的作用及其相对地位的高低。笔者主要采用自内而外的视角研究联合国系统的内在资源和功能，并在收集与整理大量文献的基础上，结合自身工作经验，得出务实而有创新性的研究结论。这一研究视角的选取，有如下两方面的考量。一是在联合国作用和地位方面，前人的研究多集中于联合国在东西、南北两对关系之间所面临的"大国政治"局面无法做到充分的调控和治理的困境。这些研究者具备国际视野，做了相对充分的理论准备并且研究得比较深刻。因此，如果依托业内高级别专家的理论继续研究联合国的治理困境，可操作的空间不大，理论及实践上的深度和广度都很难再进行必要的补充。二是本书所选取的对于联合国发展系统的功能性和技术性的分析这一研究角度具备较深的理论意义和实践价值。从理论角度而言，目前国内对这一领域的相关研究较少，对于联合国发展机制本身的概念化存在认知不足的问题，有进一步探究和思考的空间。从实践层面来看，其实际意义不可小觑，其可行性措施的提出不仅有助于开拓我国在这一领域的研究视野，也可以帮助我国的决策层和研究者更加客观、全面地认识联合国的发展体系和发展逻辑，对照我国自身在国际关系中所扮演的角色，更好地树立自身的国际形象，提高自身的国际地位，借助联合国这一庞大平台充分调动有利于自身发展的积极力量，展现中国"负责任的大国形象"。

本书首先概述了联合国发展系统从产生发展至今的全过程，并对现今联合国发展系统组织分散的原因进行了分析，进而从全球经济发展的角度介绍了联合国发展系统创立后是如何通过吸收先进的经济思想，实现了由片面关注全球经济发展向消除全球发展不平衡的转变。在提出问题的基础上，本书针对联合国发展系统的未来发展方向提出了解决思路，并在最终章整体阐释和强调了联合国发展系统内部改革的内容和意义。

进入 21 世纪以来，国际形势和国际力量发生深刻变化。随着美西各国在全球力量对比中日渐式微，以美西为主导的世界秩序正在面临严重危机，诸如治理赤字、信任赤字、和平赤字、发展赤字等新的全球问题和挑战不断涌现。本书立足于重新回顾和梳理联合国发展系统功能的形成与改革进程，有利于阐明联合国在全球治理中的地位和作用，具有比较重要的学术价值和现实意义。

联合国发展系统的演进和改革无疑对于人类福祉的改善和全球治理的深入发展具有重大意义。发挥好联合国发展系统的作用，要考虑以下几个方面。第一，充分实现系统功能的最优组合；第二，着力建设多元的权威架构，平衡各方利益；第三，深化改革，重点解决部分机构理念与现实脱节的问题；第四，努力构建能够将东—西、南—北身份整合为一体的全球规范，在多边领域问题上弱化主权国家和民族国家意识，促进"全球公民"身份理念的形成和发展。需要注重在兼顾该系统的技术性、专业性的同时提升创造性和包容性，才能有力保障全人类发展的可持续性。同时，还应当使联合国发展系统的概念设定和操作运营紧密结合，使整个系统的运作更加流畅、稳定、一贯。联合国发展系统需要调动现有的各类支柱性资源，为自身赢得最广泛的支持，最大化地争取项目与议程相关方以及所在地区的积极配合，最终使全球治理事业得到各方认可，促进全球可持续发展的实现。

第一章　联合国与联合国发展系统

联合国内部有一套行之有效的发展系统，即联合国发展系统（United Nations Development System，简称 UNDS），这一发展系统已成为联合国机构中不可缺少的一部分。该系统的建构、发展、运行及业务操作体现在联合国发展职能的实现过程中。因此，研究联合国发展系统必须充分了解其组织架构、功能作用、经费来源等方面，只有这样才能进一步深入研究。

第一节　概　述

1945 年 10 月 24 日，在美国旧金山签订生效的《联合国宪章》标志着联合国正式成立。联合国（United Nations，简称 UN）是一个由主权国家共同代表组成的政府间联合国际组织。联合国在国际领导上发挥了重要作用，现有会员国 193 个。《联合国宪章》明确规定了各项国际机构的工作目标和基本的国际原则，由此确定了联合国的基本宗旨和主要任务。由于其独特的权利及国际性质，联合国采取积极的行动应对

21 世纪人类面临的一系列国际挑战。例如，国际和平与安全、气候变化、可持续发展、人权、裁军、恐怖主义、人道主义和卫生突发事件、性别平等、粮食生产等。此外，联合国通过国际大会、安全理事会、社会理事会和其他国际组织为会员国提供一个交流平台，以实现携手解决国际问题的有效合作机制。

第二节　前　身

最初部分国家为了尽快开展贸易事务成立了国际组织，于 1865 年成立了国际电报联盟（后改称国际电信联盟 International Telecommunication Union，简称 ITU），并于 1874 年建立万国邮政联盟（Universal Postal Union，简称 UPU），这两个组织成为联合国的专门机构。1899 年，第一次国际和平会议在荷兰海牙召开，国际会议的工作目标是制定一份共同和平解决战争危机、防止战争爆发的法律文件及战争规则，一致表决通过了《和平解决国际争端公约》，并依据该公约建立了常设国际仲裁法院。第一次世界大战后，1919 年根据《凡尔赛和约》相关规定，国际联盟（League of Nations）正式成立，宗旨是"促进国际合作和实现世界和平和安全"，是联合国的前身。20 世纪 30 年代，国际联盟在经济、社会、金融、营养、健康和统计等领域开展了一些实践性的项目，有效促进了全球的发展。1939 年，针对先前国际联盟运行存在的弊端，国际联盟发表《布鲁斯报告》，在加强国联经社机构权威性和广泛性方面提出了建设性观点，这些观点促进了联合国经济及社会理事会(以下简称经社理事会）等机构的设立，并为国际组织的运行机制作出了积极的贡献。但国际联盟由于未能防止第二次世界大战的爆发，随后停止了一切活动。

第三节　筹　备

1941 年 6 月 12 日，《圣詹姆斯宫宣言》在英国伦敦签署，提出实现持久和平的唯一政治基础是人民完全摆脱了侵略的威胁，享有基本政治、经济与社会保障，并在任何时间与其他国家进行自愿合作。1941 年 8 月 14 日，美国总统罗斯福和英国首相丘吉尔在"威尔士亲王"号战列舰上签署《大西洋宪章》，提出一系列维持世界和平与安全的原则。1942 年 1 月 1 日，英国、美国、苏联、中国等 26 个国家代表与反法西斯同盟国家代表在美国华盛顿签署了《联合国家宣言》，该文件第一次正式采用了由美国总统罗斯福提出的"联合国"名称。1943 年 10 月 30 日，苏联、英国、美国、中国 4 个国家代表在莫斯科共产党总部签署《莫斯科宣言》，号召尽快成立一个维护世界和平与安全的国际机构。1943 年 12 月 1 日，德黑兰独立大会在黑兰市隆重举行，美国、苏联、英国的最高领导人再次确认了这一战略目标。1944 年 9 月 21 日至 10 月 7 日，敦巴顿橡树园会议在美国华盛顿举行，中国、英国、苏联和美国的代表就建立一个战后国际组织的目标、结构和功能达成了一致，联合国的蓝图第一次被描绘出来。1945 年 2 月 11 日，英国、美国、苏联的最高领导人在克里米亚雅尔塔举行雅尔塔会议，并一致表示："同盟国应尽快建立一个普遍性的国际组织来维护世界和平与安全，并于 1945 年 4 月 25 日在美国旧金山举行联合国家会议，根据敦巴顿橡树园会议提案起草该组织宪章。"4 月 25 日，旧金山会议如期举行，150 个国家的代表在会议上对由中国、苏联、英国和美国的代表在美国敦巴顿橡树园会议提出的建议进行审议，并于 6 月 25 日通过了《联合国宪章》,6 月 26 日，50 国代表签署了《联合国宪章》。

第四节　成立与发展

联合国成立后，其宗旨继承和发展了国际联盟的若干原则。《联合国宪章》指出："促成国际合作，以解决国际间属于经济、社会、文化及人类福利性质之国际问题，且不分种族、性别、语言或宗教，增强并激励对于全体人类之人权及基本自由之尊重。"并且在第九章提出，联合国将促进"经济与社会发展"。这些促进国际合作的发展理念，在一定程度上实现了对国际联盟相关举措的继承与创新。曾任经济和金融组织（Economic and Financial Organisation，简称 EFO）主席的亚历山大·洛夫戴（Alexander Loveday）认为，国际合作中的功能主义应使人团结，保持技术与政治的分离，从功能而不是形式上来解决国际问题。功能主义方法在各种国际会议上得到了充分实践，并针对国际联盟的不同职权建立了相应的国际组织。1943 年 5 月，对德作战十五盟国政府代表在美国弗吉尼亚州温泉城举行国际会议，该国际会议主要围绕当今世界人类食品和营养安全的主题进行深入探讨，最终成立了联合国粮食及农业组织（Food and Agriculture Organization of United Nations，简称 FAO），并提出了关于战后加强欧洲地区救济的总体设想。1943 年 11 月，联合国善后救济总署（United Nations Relief and

Rehabilitation Administration，简称 UNRRA）正式成立，其机构主要任务是为饱受战争蹂躏的国家提供人道主义救援。1944 年，根据联合国货币和金融会议的设想成立国际复兴开发银行（International Bank for Reconstruction and Development，简称 IBRD），其成为世界银行（World Bank）、国际货币基金组织（International Monetary Fund，简称 IMF）和世界贸易组织（World Trade Organization，简称 WTO）的前身。除此以外，经过历次国际会议的召开和讨论，联合国教科文组织（United Nations Educational，Scientific and Cultural Organization，简称 UNES-CO）和国际民用航空组织（International Civil Aviation Organization，简称 ICAO）、世界卫生组织（World Health Organization，简称 WHO）先后成立。

为了加强对新成立组织的管理，1944 年，敦巴顿橡树园会议在美国华盛顿特区召开，会议商议了联合国未来的建设构架，并成立经济及社会理事会以监督联合国各组织机构。1945 年，《联合国宪章》确定了一个以经济及社会理事会为主要中心的网状经济发展机制，网状发展系统由 3 个多级部门和机构共同组成，分别是联合国大会、经社理事会、经社理事会的各附属部门和专业化机构。其中，联合国大会在发展系统中享有最高的领导地位，而其他涉及国际经济与社会合作的主要权力与职责，则隶属于联合国大会及经济及社会理事会，同时经济及社会理事会有权协调各机构的各项活动。

这一组织结构的设定给联合国发展带来了利弊兼有的双面效应。就积极方面而言，新机构在拥有法律地位的同时又保持了一定的独立性，可以灵活地应对不断涌现的全球治理问题，吸引各个领域的专家以增强联合国的人才储备，为后续制定发展思路提供帮助。就消极方面而言，在缺乏强有力领导的情况下，过大的自主权有可能导致整个发展系统的力量日益分散。同时，一些成员国出于多方考量，不愿意在不同的分支机构协调利益，这无疑又增加了系统内部的离心力。为了机构运行顺畅，联合国曾建立一整套复杂的机制并花费大量时间来试图解决上述问题，但都未能奏效。这也导致了联合国在促进全球可持续发展中的作用日益弱化，再加上可持续发展所面临的挑战日趋严峻，这一问题变得愈加复杂。

1945 年 10 月 24 日，在中国、法国、苏联、英国、美国等国家批准《联合国宪章》之后，《联合国宪章》正式生效，联合国正式成立。1948 年 5 月，联合国停战监督组织设立。同年 12 月 10 日，联合国大会在巴黎通过了《世界人权宣言》，并将这一天定为国际人权日。1949 年 1 月 7 日，在联合国特使拉尔夫·约翰逊·本奇的努力下，新成立的以色列和阿拉伯国家实现了停战。1956 年 11 月 1 日，联合国召开第一届紧急特别会议，讨论苏伊士运河危机问题。11 月 5 日，大会决定建立第一支联合国维护和平部队——联合国紧急部队（紧急部队）。1960 年 9 月，17 个新独立的国家（其中 16 个是非洲国家）正式加入联合国，这是新增会员国数量最多的一年。1966 年至 1968 年，联合国大会剥夺了南非对纳米比亚的统治权，对罗德西亚（现津巴布韦）实行强制制裁，并通过了《核不扩散条约》。1969 年 1 月 4 日，联合国大会通过《消除一切形式种族歧视国际公约》。1969 年，国际劳工组织被授予诺贝尔和平奖。1971 年 10 月 25 日，联合国大会投票恢复中华人民共和国的合法席位。1972 年，第一届联合国环境大会在斯德哥尔摩召开，这次会议促成了联合国环境规划署成立，并将总部设在内罗毕。1979 年 12 月 18 日，联合国大会通过了《消除对妇女一切形式歧视公约》，其中包括了政治、经济、社会、文化和公民价值观。1981年11月25日，联合国大会通过了《消除基于宗教或信仰原因的一切形式的不容忍和歧视宣言》。1982年12月10日，117个国家和两个实体签署了《联合国海洋法公约》，该公约以条例形式规定了海洋分区、国家海岸线的界定，在公海的航行权以及其他国家和海岸线的权利和义务、保护海洋环境的义务、海洋研究的合作以及可持续发展地利用海洋生物资源。1987年9月，在联合国环境规划署的持续努力下，《保护臭氧层公约》，也称为《蒙特利尔公约》正式签署，此公约被认为是1985年《保护臭氧层维也纳公约》的后续。

　　1991年12月31日，通过秘书长的斡旋，萨尔瓦多和民族解放阵线在联合国总部签署协议。1992年6月，联合国环境与发展会议（地球问题首脑会议）在里约热内卢举行，通过了一项可持续发展行动纲领——《21世纪议程》。1993年5月，在联合国的广泛支持和大力监督下，柬埔寨举行了公民选举，产生了一个新的联合政府，并起草了新的国家宪法，这使得这个长期遭到战争蹂躏的国家彻底结束了将近15年的政治内乱。同年6月，世界人权会议在德国维也纳隆重举行，以纪念世界土著人国际年。1995年，社会发展问题世界首脑会议是有史以来最大型的世界领导人聚会之一，各国领导人齐聚哥本哈根，重申关于消除贫困、失业以及社会排斥的承诺。同年9月，第四次世界妇女大会在中国北京举行，以期提高妇女的地位，促进性别平等。1996年9月10日，大会通过了《全面禁止核试验条约》。在核裁军和防核扩散两大战略发展历史上，是一个重要的历史转折点。1998年7月17日，120个国家共同参加了联合国外交全权代表会议，并通过了《罗马规约》。2000年9月，世界各国领导人发出了《千年宣言》，承诺于 2015 年前，共同致力于遏制艾滋病毒的快速蔓延和广泛传播，降低诸如疟疾等疾病的全球患病率。同年 6 月 26 日至 27 日，成员国通过了《关于艾滋病毒 / 艾滋病问题的承诺宣言》。2002 年 3 月 18 日至 22 日，通过了《蒙特雷共识》。同年 4 月 8 日至 12 日，第二届老龄社会问题世界大会在西班牙马德里举行，会议目标是确保世界各地的老年人能够享有安全和尊严，作为一个公民享有充分自由权利。8 月 26 日至 9 月 4 日，可持续发展问题世界首脑会议提出了一系列减少贫困和保护环境的措施。2003 年 8 月 19 日，为了纪念在世界和平服务的工作中罹难的所有联合国工作人员，一座纪念碑在联合国纽约总部秘书处大楼花园的北草坪揭幕。同年 10 月 31 日，联合国大会审议通过了《联合国反腐败公约》。12 月 10 日至 12 日，信息社会世界首脑会议第一阶段会议在日内瓦举行。2005 年 3 月 8 日，会员国通过了《联合国关于人类克隆的宣言》。同年 4 月 13 日，联合国大会通过《制止核恐怖主义行为的国际公约》。9 月 14 日至 16 日，170 多个国家元首和政府首脑在消除贫困、促进人权、打击恐怖主义和帮助经历致命冲突的国家恢复正常方面达成了重要共识。12 月 20 日，联合国亚洲代表大会决定设立一个维护亚洲和平的国际委员会，以期有效帮助那些遭受军事冲突的亚洲国家尽快实现和平。挪威诺贝尔委员会 2007 年 10 月 12 日在挪威首都奥斯陆宣布，将 2007 年诺贝尔和平奖授予政府间气候变化专门委员会和艾伯特·戈尔，以表彰他们汇集和传播人类引起气候变化方面的知识。2008 年 5 月 3 日，《残疾人权利公约》正式生效，它是首个由公民社会参与讨论的国际人权保障条约。2010 年 7 月 2 日，大会创立了联合国妇女署，负责性别平等和女性赋权方面的工作。

从联合国与世界各大国关系以及对世界格局的影响来看，联合国

75 年的历史，可分为三个阶段。第一阶段：从 1945 年至 1990 年，联合国的作用被弱化和边缘化。联合国成立后，会员国希望建立一个和平、团结和联合的世界，但现实的世界被分裂为东西南北：东西方对抗、北约华约对峙、美苏争霸；南北不平等和差距越来越大。同时，联合国与冷战密不可分，一方面，冷战是联合国发展的基本环境，甚至决定了联合国的发展轨迹；另一方面，联合国也成为冷战的一部分。本应成为第二次世界大战后"主角"的联合国，却成为冷战的"配角"。第二阶段：从 1990 年至 2010 年，尽管这一时期联合国的作用稳步上升，但其权威不断受到挑战。在联合国的积极支持和大力推动下，防扩散和核军控技术领域开展合作并在技术上取得重大进展，《不扩散核武器条约》得以有效推进和持续延长，《全面禁止核试验条约》签署生效。1999 年以美国为首的北约在没有得到联合国安理会授权的情况下，对主权国家南联盟进行军事打击；2003 年 3 月 20 日，美英联军以伊拉克发展大规模杀伤性武器为由，不经联合国安理会授权就对伊拉克采取军事行动。此外，在 2008 年全球金融危机后，联合国也未能在应对危机方面发挥主导作用。第三阶段：从 2010 年至今，过去十年，联合国取得的成就和其所要面对的挑战同样突出。2015 年是联合国成立 70 周年。联合国举办了一系列国际峰会，其中发展峰会经过审议通过了一个具有重要国际里程碑意义的《2030 年可持续发展议程》，提出了 17 个全球可持续发展总体目标和 169 个具体的发展目标。2015 年 12 月 12 日，《联合国气候变化框架公约》近 200 个缔约方一致同意通过《巴黎协定》。这也充分表明，国际社会在全球气候变化治理领域以及国际政治合作领域已取得了一个普遍的国际政治战略共识，为当前面向全球化的环境治理工作创造了一个新的国际范例。可持续发展和气候变化成为联合国引领全球发展治理的两大关键议程。2015 年，联合国对和平与安全的架构进行了改革，强调了有效预防冲突和实现可持续。从维和行动到和平行动，体现了联合国在全球安全治理领域的转型。

第二章 联合国发展系统的组织架构和 资金筹集渠道

联合国内部运营有一套行之有效的发展系统，即联合国发展系统，这一发展系统已经成为联合国组织机构中不可或缺的一部分。该系统的建构、发展、运行及业务操作反映在联合国发展职能的推行过程和效果上。因此，研究联合国发展系统就不得不对其组织架构、功能作用、经费来源等方面的情况进行较充分的研究。

第一节 联合国发展系统的组织结构

联合国发展系统虽然组织庞大，但都具有一些共同特点。第一，它们是人力资源管理系统的共同组成部分，从一般事务人员（GS）到专业人员（P）、司级人员（D）、助理秘书长（ASG）和副秘书长（USG），都接受单一的职位和薪金层级管理。这一管理系统有助于工作人员在不同部门和组织之间流动。第二，联合国发展系统的所有组织都隶属于联合国发展集团（United Nations Sustainable Development Group，简称 UNSDG），发展集团隶属于行政首长理事会（UN System Chief Executives Board for Coordination，简称 CEB），而联合国发展集团的主席由联合国开发计划署（United Nations Development Programme，简称 UNDP）署长担任，接受其统一协调，并由其负责定期举行会议并交换联合国的业务活动信息。虽然开发计划署署长不拥有该职位的规划权或管理权，但其仍是联合国发展系统名义上的负责人。

联合国成立后，伴随着各项规章制度的不断完善，越来越多的国际组织被纳入联合国发展系统，其中包括成立于 1865 年的国际电信联盟，成立于 1874 年的万国邮政联盟（Universal Postal Union，简称 UPU），以及粮食及农业组织、联合国教科文组织、国际民航组织和世界贸易组织。稍晚成立并加入的其他专门机构还有：世界气象组织（World Meteorological Organization，简称 WMO）、国际原子能机构（International Atomic Energy Agency，简称 IAEA）、国际海事组织（International Maritime Organization，简称 IMO）、世界知识产权组织（World Intellectual Property Organization，简称 WIPO）、国际农业发展基金（International Fund for Agricultural Development，简称 IFAD）、联合国工业发展组织（United Nations Industrial Development Organization，简称 UNIDO），以及再后来成立的联合国世界旅游组织（United Nations World Tourism Organization，简称 UNWTO），等等。

除各种正式国际组织外，联合国还在其秘书处下设了众多"基金和项目"。早期成立的"基金和项目"主要是为了实施全球范围内的一些救济计划，例如在第二次世界大战结束后联合国善后救济总署对欧洲战后经济损失所提供的救济。这些救助资金还具备再利用的可能性，如 1947 年救济行动结束后剩余资源分配给了 1946 年 10 月成立的联合国国际儿童紧急救助基金（United Nations International Children's Emergency Fund，简称 UNICEF)。除此之外，一些救济机构的陆续成立也为内部发展系统的调整作出了贡献，比如 1949 年成立的联合国近东巴勒斯坦难民救济和工程处 (United Nations Relief and Works Agency for Palestine Refugees in the Near East，简称 UNRWA)，1951 年成立的联合国难民事务高级专员公署 (United Nations High Commissioner For Refugees，简称 UNHCR)，1963 年成立的世界粮食计划署 (World Food Program，简称 WFP) 等。随后，为更好促进全球可持续发展，联合国又先后设立了许多新的基金和项目，包括：成立于 1964 年的联合国贸易和发展会议 (United Nations Conference on Trade and Development，简称 UNCTAD) 和国际贸易中心 (International Trade Centre，简称 ITC)，成立于 1969 年的联合国人口活动基金 (United Nations Fund for Population Activities，简称 UNFPA)，成立于 1973 年的联合国环境规划署 (United Nations Enviroment Programme，简称 UNEP)，成立于 1978 年的联合国人类住区规划署 (United Nations Human Settlements Programme，简称 UN-Habitat)，成立于 1996 年的联合国艾滋病规划署 (United Nations Programmeon on HIV/AIDS，简称 UNAIDS)，成立于 1997 年的联合国毒品和犯罪问题办公室 (United Nations Office on Drugs and Crime，简称 UNODC)，成立于 2010 年的联合国促进性别平等和增强妇女权能署 (United Nations Entity for Gender Equality and the Empowerment of Women，简称 UN Women)，等等。

作为联合国发展系统的分支机构，这些国际组织内部运营的大多数业务活动都接受了西方发达国家的资助，且目前仍接受着这些资助。它们成立时间不一且职能多样化的特点也反映了全球议程的变化特别是促进全球可持续发展的理念逐步被接纳。联合国人口基金 (United Nations

Population Fund，简称 UNFPA）的成立更是显著的佐证，它反映了发达国家对世界人口膨胀问题的关切；人口基金的成立彰显了在 1972 年第一次国际环保大会之后国际社会和各国政府对全球环境状况及世界可持续发展前景的深切关注。除此之外，一些相应机构的成立也带有明确的"可持续发展思想"，如：人类住区规划署的成立是为了应对贫民窟与城市发展问题；联合国艾滋病规划署的成立是为了集中人力财力，加强联合国各机构在防治艾滋病方面的协调与合作；联合国毒品和犯罪问题办公室的成立旨在领导全世界打击非法药物及国际犯罪；2010 年成立的妇女权能署是为了摆明对人权平等问题的支持以及对联合国其他部分职能的补充等。

另外，需要特别提及的两个组织是联合国贸易和发展会议和国际贸易中心。它们成立之初由于当时第二次世界大战后国际贸易环境不利于发展中国家的发展，加之关税与贸易总协定不但没有起到平衡发展中国家和发达国家之间贸易关系的作用，反而成为对发达国家来说最有利的削减关税的工具，同时也没有有效地保护发展中国家的利益。在此之后，为了防止贸易条件不断恶化，建立一个以发展中国家贸易利益为核心的国际组织被提上日程，由此联合国贸易和发展会议应运而生。这一特殊组织的成立旨在解决发展中国家的贸易利益问题以及国际金融问题。①另一个组织，即国际贸易中心，它是根据关税与贸易协定（General Agreement on Tariffs and Trade，简称 GATT）于 1964 年设立的，旨在协助发展中国家拟定实施贸易推广计划。国际贸易中心作为联合国开发计划署的执行机构，同样被列在联合国发展系统之内。

---

① 参见 I. Taylor and K. Smit, *United Nations Conference on Trade and Development*（*UNCTAD*），London: Routledge，2007。

除前面提到的两类国际组织之外，联合国发展系统中还包括五个地区委员会。1947 年，应波兰请求，联合国欧洲经济委员会（United Nations Economic Commission for Europe，简称 UNECE）在日内瓦成立，旨在促进成员国之间经济合作。1948 年，美国启动马歇尔计划协助欧洲战后重建。由于地缘政治和当时两大阵营在欧洲对全的紧张局势，欧洲各国政府决定在巴黎成立欧洲经济合作组织（Organisation for European Economic Cooperation，简称 OEEC）取代欧洲经济委员会。实际上，新成立的欧洲复兴开发银行（European Bank for Reconstruction and Development，简称 EBRD）和欧洲委员会（European Commission）更为活跃。之后，联合国于 1948 年和 1949 年分别成立了两个区域委员会，即拉丁美洲经济委员会（后被称为拉丁美洲及加勒比经济委员会，Economic Commission for Latin America and Caribbean，简称 ECLAC）和亚洲及远东经济委员会（后被称为亚洲及太平洋经济社会委员会，Economic and Social Commission for Asia and the Pacific，简称 ESCAP）。后来，联合国发展系统又于 1958 年在非洲正式成立了单独的区域委员会，即联合国非洲经济委员会（United Nations Economic Commission for Africa，简称 UNECA）。但是，由于五个区域委员会建立之初都是地区政治、经济、军事的产物，因此它们在促进区域发展中的作用并没有得到充分体现。这一缺陷不仅导致它们在联合国系统中的角色定位不明确，而且使得它们在各自地区与其他中心区域和次区域政府机构并存，甚至引发与联合国其他相似区域性结构的组织之间的冲突。①

---

① 参见 S. Browne and T. G. Weiss, *How Relevant are the UN's Regional Commissions?*, FUNDS Project Briefing no.1, New York, February 2013。

第二节　联合国发展系统的筹资渠道

第二次世界大战结束后，西欧国家因元气大伤而普遍走向衰落，美国的经济和军事实力则空前膨胀，很快跃升为资本主义世界头号强国，因此美国成为联合国援助资金的主要来源国。联合国要突破促进合作和制定全球规范和政策的被动职能的限制，美国在其中的态度至关重要。然而由于对国际组织和国际援助的消极态度以及新兴的地缘政治分歧等问题的出现，西方发达国家在联合国地位作用、会费摊派和支出结构等问题上难以与非西方国家达成一致。

由于美国本身强大的综合国力以及其在世界政治经济体系中具有重要地位，因此在为联合国提供资金、资助联合国各项计划方面始终发挥着至关重要的作用。时任美国总统哈里·S·杜鲁门（Harry S.Truman）在 1949 年 1 月的就职演说中提出："我们必须拟定一项大胆的新计划使欠发达地区的进步和发展能受益于我们先进的科学和发达的工业。""为了帮助爱好和平的民族实现他们对美好生活的愿望，我们应该使他们受惠于我们丰富的技术知识。同时我们还应该与其他国家合作支持对急需开发地区进行投资。""呼吁其他国家汇集技术力量到这项事业中，这应该是一项合作的事业，所有国家通过联合国及其专门机构在任何可行的方面为此共同工作。"① 正是在这种思想的指引下，以美国为首的西方发达国家帮助联合国建立并完善了联合国发展系统的筹款途径，包括建立技术援助扩大方案（Expanded Programme

---

① US Department of State Bulletin, Washington D. C., 30 January 1949, p.123.

of Technical Assistance，简称 EPTA）、联合国经济发展特别基金（Special United Nations Fund for Economic Development，简称 SUNFED）和联合国开发计划署。

这三个机构的产生，在联合国经费筹措方面发挥了项目平台支撑作用。一方面帮助低收入国家发展创造有利条件，以便在合理和有条理的基础上从国内外筹集发展资本。另一方面充分有效地运用这些投资资本和其他所有可利用的经济资源和人力资源，以顺利落实联合国发展系统的各项发展纲要和既定目标。

一、技术援助扩大方案的提出

联合国发展系统的统筹推进加快了技术援助扩大方案的提出。为使技术援助扩大方案尽快发挥作用，联合国秘书处和各专门机构合作共同提案，并获得联合国大会批准。技术援助扩大方案是联合国经济及社会理事会的下属机构，由理事会设立技术援助委员会（Technical Assistance Committee，简称 TAC）来管理技术援助扩大方案的业务活动。技术援助委员会监督秘书处的技术援助理事会（Technical Assistance Board，简称 TAB）由联合国秘书长主持，技术援助理事会的第十个成员是隶属于联合国总部秘书处本身的技术援助管理局（Technical Assistance Administration，简称 TAA）。实际上，技术援助理事会这一组织在当时是由联合国经济部的负责人大卫·欧文（David Owen）来负责协调的，同时他还担任了技术援助理事会的执行秘书一职。

1950 年 6 月举行的第一次认捐会议上，有关国家共捐助了 2000 万美元用于国际援助。这个筹款数额虽然低于联合国的预定目标，但是在一定程度上足以启动"技术援助计划"（Technical Assistance，简称TA）。这也是联合国自主筹款的开端，为后来的筹款开辟了一条可行路径。然而，技术援助扩大方案也有许多矛盾和限制，这导致了发展援助供应方援助系统断裂问题。对此，联合国设立了一个专门机构即"分配份额机构"（Agency Shares），该机构根据发展中国家提出的援助申请进行实地调研并作出援助金额的认定。同时，为了更有效地利用援助资金，技术援助扩大方案通常要求受援国承担该机构所提供技术服务的大部分费用。[①] 也就是说，与项目相关的发展中国家需支付当地人员的劳务费，以及所有项目工作人员的交通、通信和医疗服务费，并向常驻代表提供办公用房，为专家提供当地的津贴，并免除地方税，以"本地化"的方式分担项目落实的部分成本。受援国政府除了要支付"对应成本"之外还必须尊重国际务工人员的外交特权和豁免权。如果这些协议内容不能如实履行，技术援助理事会将拒绝拖欠款项的受援国家再次提出的援助请求。

然而这些协议并没有得到完全有效的执行——被技术援助理事会派出的驻地代表受到来自受援国政府和联合国机构双方的压力，要求其放宽或放弃相应的援助条件。在这种压力下，联合国的一些子系统也进行了妥协让步。早在 1951 年世界卫生组织执行理事会就通过了一项决议，即免除所有受援国政府为其专家支付的费用。然而联合国批准给予申请国援助的主要原因并不是因为申请国政府将申请项目作为本国保障或发展的优先事项，而是某个联合国的机构有该项目相关的闲置资金可以用

---

① 参见 ECOSOC Resolution 222（IX）Economic Development of Under-developed Countries, New York: UN, August 1949, Annex I, Participation of Requesting Governments, para.4。

于援助。①

与此同时，技术援助扩大方案的捐助资金也在不断增加，1955 年认捐额增加到 2800 万美元，1960 年增至 3400 万美元，1965 年增至 5600 万美元。美国仍然是迄今为止最大的捐助国，其捐助资金在 20 世纪 60 年代占捐助总额的 40%。② 使用这些捐款的主要组织是世界粮食及农业组织、世界卫生组织、联合国教科文组织以及联合国秘书处，并且其中 4/5 的资金主要用于专家服务和奖学金资助。

尽管技术援助扩大方案存在一定的局限性，但它作为联合国可持续发展的核心筹款渠道，对联合国的大部分对外援助活动给予了有力支持，从而促进了全球可持续发展的进程。

二、联合国经济发展特别基金的创建

自 1949 年技术援助扩大方案创建后，其在运行过程中不断暴露出各类缺陷，联合国开始讨论和研究更为有效的资金捐助和运行办法。在此情况下，诺贝尔奖获得者阿瑟·罗维斯（Arthur Lewis）提出，从根本上解决技术援助扩大方案缺陷的办法是解决世界不发达国家和地区的低收入问题，建议筹集资金支持低收入者，以缩小全球收入差距，缓解技术援助所带来的压力。联合国大会决议提出，该基金"将致力于扩大联合国技术援助扩大方案的范围，以便将某些基本领域的特殊项目纳入

① 参见 H. Keeneleyside, *Who was The Director of the UN's Technical Assistance Administration*, International Aid: A Summary, p.164。

② 参见 Murphy, *The United Nations Development Programme: A Better Way?*, Development, 2007（7），p.39。

其中"。这些领域包括采矿、制造、基础设施、卫生、统计和公共管理，同时对这些领域给予"新的投资"，旨在资助比联合国技术援助扩大方案更大的项目，并开启了新项目的大门。[①]1959 年，资金援助国家和组织同意在世界银行设立一个 9 亿美元的优惠贷款基金，并将其命名为国际开发协会（International Development Association，简称 IDA）。该基金由世界银行其他贷款业务的利润来补充和支持。联合国通过特别的贷款基金满足了发展中国家特别的经济建设需求。

三、联合国开发计划署的建立

联合国开发计划署是联合国从事全球发展计划的全球化网络，它在倡导变革的同时为各国提供知识、经验和资源，帮助人们创造更美好的生活，并通过与 170 多个国家的合作和募集来发展援助。联合国开发计划署在帮助各国应对全球和区域内发展面临的挑战的同时，还与其合作伙伴共同帮助各国进行自身的能力建设。联合国开发计划署的领导机构管理委员会由经社理事会选举 48 人组成，席位按地区分配，任期 3 年，机构咨询局由联合国秘书长和有关参加机构的行政负责人组成。另外，联合国开发计划署还在 130 个国家和地区设有常驻代表处，其署长须由联合国秘书长任命，联合国大会认可。[②]

联合国开发计划署的资金分为常规资金和其他资金。其中，常规资金全部来自不同合作伙伴的自愿捐助，包括联合国成员国和其他多边组织。合作伙伴的捐助除用作常规资金，也用于捐助方指定的其他

---

① 参见 GA Resolution 1240（XIII），October 1958。
② 参见何佩德：《UNDP 联合国开发计划署》，《中国减灾》2015 年第 17 期。

用途。自 20 世纪 60 年代起到 70 年代中期，联合国开发计划署的资金总量不断增加，越来越多的国家和组织作为执行方在其中受益。联合国开发计划署本身也获得越来越多的管理项目资助。自 1971 年起，联合国资本开发基金（United Nations Capital Development Fund，简称 UNCDF）和联合国志愿者组织（United Nations Volunteers，简称 UNV）在联合国开发计划署的管理下运营。随后联合国进一步设立了其他基金，包括联合国自然资源勘探循环基金和联合国科学技术促进发展筹资系统等。

随着时代的发展，联合国开发计划署除了为联合国其他组织的项目提供资金外，也开始自主执行项目，但是，这一行为产生了负面作用，加剧了系统内部的离心力。1973 年，开发计划署在设立联合国项目执行办公室（United Nations Office for Projects Execution，简称 UNOPE）的过程中，遭到系统内部其他部门的反对，他们认为"联合国开发计划署直接执行项目的决定并没有充分咨询其他部门的意见""联合国开发计划署参与项目执行可能有损或削弱第三方协调作用"。[①]

对此联合国开发计划署给出了三个"直接执行项目"的理由：首先，三方项目审批程序（政府、机构、联合国开发计划署）烦琐以及联合国开发计划署的资金拨付缓慢；其次，各机构的专业性参差不齐；最后，技术援助机构的活动质量相差较大。通过逐步完善发展机构建设，联合国开发计划署的执行项目增多且执行过程中并未影响系统和部门的发展，因此，其功能逐渐被联合国发展系统的其他部门和组织所接受。

---

① 参见 Joint Inspection Unit, *Office of Projects Execution of UNDP*, Geneva: UN, 1983, p.1.

第三节　联合国发展系统的运行模式及变迁

本节将结合前二节内容，从静态的角度对之前相对动态的过程进行相对固定的梳理，继而再从动态的变迁路径视角出发，对联合国发展系统的运行模式作相对动态的把握。如前所述，联合国发展系统经过几十年的发展，其组织的形式结构越来越不协调，分散化倾向越来越明显，筹资渠道也越来越多元。因此，改革变得越来越迫切。本节首先对前二节的论述进行梳理，再对机构改革问题进行简单阐述，具体内容在本书第五章中呈现。

随着时代的变迁，联合国的发展路线除了要加强规范与范式层面的国际合作，还要更加注重加强技术方面的合作。整体而言，联合国发展系统承担的技术职能大致有以下四种。

第一，技术标准与操作规范的制定。在联合国成立之前，已经有一些国际组织成立，它们分别在各自领域制定了全球规范，包括国际电信联盟、万国邮政联盟和国际劳工组织。从 20 世纪 40 年代起，其他组织也陆续成立并在各领域制定相关标准，包括交通安全方面的国际民用航空组织和国际海事组织、天气测绘方面的世界气象组织以及核安全方面的国际原子能机构。由此可见技术标准的制定是联合国专门机构的最初职能。再如，国际标准化组织（International Organization for Standardization，简称 ISO）作为一个全球性的非政府组织，最初为在全世界范围内促进标准化工作而成立，并与其他国际组织进行合作。

第二，数据研究。联合国各组织对各成员国政府在各领域收集的数据和信息开展研究，并将其作为传播、推介、交流的基础。例如，联合国环境规划署致力于审查世界环境状况并促进环境知识的获得和情报的交流；联合国儿童基金会（United Nations Children's Fund，简称 UNI-CEF）致力于监测儿童的健康和福祉，并敦促人们更多地关注儿童的需要；联合国妇女研究机构倡导性别平等，整合联合国在促进性别平等和妇女赋权领域的资源并加强其工作效率。

第三，全球政策、公约的制定。联合国发展系统的各组织根据各领域的具体情况，围绕主要公约制定全球政策。比如 2015 年底联合国环境规划署支持下的《联合国气候变化框架公约》就气候变化问题达成了全球协议。1990 年联合国儿童基金会推动签署了《儿童权利公约》，该条约是当前最受国际社会认可的人权条约之一。另外联合国妇女署是《消除对妇女一切形式歧视公约》的监督人。这些条约逐渐成为联合国发展系统组织监督和媒介活动的基础。

第四，业务与技术援助。联合国发展系统最初运用少部分的常规预算，辅以技术援助扩大方案资金，在各自组织领域提供技术援助、培训和其他业务。技术援助既是联合国行动的基础，也是推动联合国发展系统扩张的引擎。业务与技术援助是联合国发展系统最明显和最普遍的活动，为发展中国家保持进步提供服务。

联合国发展系统主要落实以上这四种技术职能，如表 2—1 所示。联合国发展系统的技术标准与规范、数据研究报告以及全球政策和公约代表了联合国发展的理念，而业务与技术援助是技术层面的操作，反映了联合国发展系统具体功能的实现途径。

表2—1 联合国发展系统主要组织的业务说明 ①

联合国组织与机构	理念			业务活动
	技术标准与规范	研究、数据、信息	全球政策、公约	技术援助、咨询及其他国家服务
经济和社会事务部 (DESA)		世界人口预测；世界经济形势与展望		公共管理支持
联合国毒品和犯罪问题办公室 (UNODC)		毒品生产数据	联合国反腐败公约 (2005)	作物替代
联合国妇女署 (UN Woman)			消除对妇女一切形式歧视公约 (CEDAW) (1979)	
联合国开发计划署 (UNDP)		全球、区域、国家的人类发展报告		选举援助；援助管理；湄公河委员会 (20世纪60—80年代)
联合国儿童基金 (UNICEF)		国家儿童评估	儿童权利公约 (1990)	水和卫生项目
世界粮食计划署 (WFP)		饥饿与食品安全报告		工作食物计划
联合国人口基金 (UNFPA)				生殖健康措施
联合国贸易和发展会议 (UNCTAD)		世界投资报告，贸易与发展报告	贸易普惠制 (1968)	ASYCUDA：海关数据自动化系统
国际贸易中心 (ITC)		出口市场数据		有机出口促进

（基金与项目）

① 参见 Future UN Development System (FUNDS) Project, *Fact Book on the UN Development System*, Geneva: November 2010。

续表

	联合国组织与机构	理念			业务活动
		技术标准与规范	研究、数据、信息	全球政策、公约	技术援助、咨询及其他国家服务
基金与项目	联合国环境规划署（UNEP）		气候变化评估	蒙特利尔议定书（1987年）；生物多样性公约（1993年）；巴黎气候变化协定（2015）	
基金与项目	联合国人类住区规划署（UN-Habitat）		全球城市化数据		城市供水
基金与项目	联合国艾滋病规划署（UNAIDS）		艾滋病发病率监测（1990年起）		支持国家艾滋病委员会
区域委员会	非洲经济委员会（ECA），欧洲经济委员会（ECE），拉丁美洲及加勒比经济委员会（ECLAC），亚洲及太平洋经济社会委员会（ESCAP），西亚经济与社会委员会（ESCWA）	年度区域调查		支持区域机构	
专门机构	国际劳工组织（ILO）	劳动标准	全球就业数据		
专门机构	联合国教科文组织（UNESCO）	世界文化遗产保护地	全球教育监测报告	迁移政策	恢复文化遗址；教育课程改革
专门机构	联合国粮食及农业组织（FAO）	食品法典（食品安全）	全球农业统计		农业推广服务
专门机构	世界卫生组织（WHO）		全球卫生统计	根除天花；禽流感、非典、埃博拉控制	卫生系统能力建设

续表

联合国组织与机构	理念		全球政策、公约	业务活动
	技术标准与规范	研究、数据、信息		技术援助、咨询及其他国家服务
联合国工业发展组织（UNIDO）		全球工业统计		支持遵守蒙特利尔议定书
联合国世界旅游组织（UNWTO）		世界旅游统计		
国际民用航空组织（ICAO）	航空安全标准			
国际海事组织（IMO）	海上安全标准		遏制、打击海盗	
国际电信联盟（ITU）	移动通信标准			广播发展研究所
万国邮政联盟（UPU）	国际邮政公约			
联合国国际农业发展基金（IFAD）				农村可持续发展
世界气象组织（WMO）	气象测量标准	政府间气候变化专门委员会全球变暖报告		
世界知识产权组织（WIPO）	知识产权保护		专利合作条约（1970）	
国际原子能机构（IAEA）	核安全标准			核安全保护

専门机构

　　表 2—1 是目前联合国发展系统的简化图示。最初，联合国发展系统由 14 个专门机构组成（不包括世界银行和国际货币基金组织）。它们有独立的管理机构，可以自主任命组织负责人，调拨资金并监督项目，同时每年只需向联合国经社理事会提交年度报告。另外，表中标有"基金与项目""联合国秘书处"和"区域委员会"的方框是联合国组织本身的组成部分。秘书处负责人由联合国秘书长直接任命，并向联合国经社理事会和联合国大会汇报工作。

　　除此之外，联合国还设有职司委员会，分别是预防犯罪和刑事司法委员会、麻醉药品委员会、社会发展委员会、妇女地位委员会、人口与发展委员会、科学和技术促进发展委员会、可持续发展委员会、统计委员会以及联合国森林论坛。联合国在其他领域也有常设委员会和专家组，且均被规定服务于联合国秘书处。

　　这些子系统在组织上和地理上都是分散的，不同组织的总部设在世界 14 个不同的国家的 15 个城市，其中不包括世界银行和国际货币基金组织的所在地华盛顿特区。例如，德国波恩是联合国志愿者组织和《联合国气候变化框架公约》的所在地，日本首都东京是联合国大学（United Nations University，简称 UNU）总部所在地。联合国区域间犯罪和司法研究所（United Nations Interregional Crime and Justice Research Institute，简称 UNICRI）设在意大利都灵，其运营独立于设立在维也纳的联合国毒品和犯罪问题办公室。五个区域委员会中的四个委员会、联合国环境规划署和人类住区规划署的总部都设立在发展中国家的首都，几乎每一个发展中国家都有一个联合国驻地，其中包括由联合国组织的区域或国家办事处。2010 年进行的一项研究发现，联合国发展系统内的组织在发展中国家共设有 1022 个独立的地区代表处，整个联合国发展系统内共有 1200 多个地区办事处，其中包括人道主义组织的联合国难民事务高级专员公署、人道主义事务协调厅（Office for the Coordination of Humanitarian Affairs，简称 OCHA）、维和特派团、联合国信息中心和人权办公室等。①

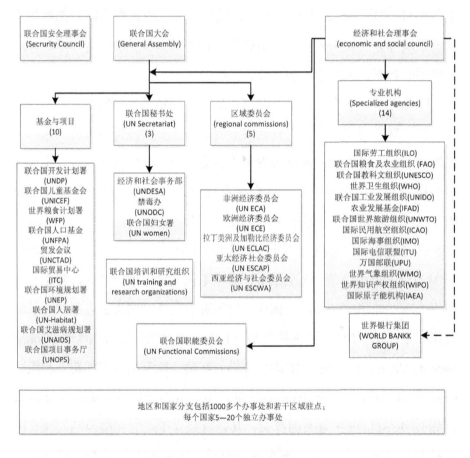

图 2—1　联合国发展系统图

据 2018 年数据统计，包括维和行动在内，整个联合国系统收到的

---

① 参见 www. icaruspartecipation.en/wp-content/uploads/2012/11/Multinational corporations. pdf.Figures are of 2011。

捐款总额为 460 亿美元。其中，仅有 170 亿美元（相当于政府开发援助的 60%）用于与可持续发展相关的活动。另外，人道主义援助的增长速度快于发展资助的增长速度。以联合国开发计划署为例，大量捐款来源于多边组织，并且这一现象持续存在，截至 2018 年该类捐助达 15 亿美元[①]。目前，多边组织捐款去向最多的是艾滋病、结核病和疟疾基金，并通过联合国开发计划署渠道流通 4 亿多美元。欧盟是第二大捐助方，再次是全球环境基金。世界卫生组织是接受联合国个人捐助最多的组织，捐助者约 400 人。

迄今为止，在联合国发展系统中接受非核心资金捐赠最多的组织是联合国开发计划署和儿童基金会，并且联合国相关组织获得的非核心资金多于核心资金。过去 15 年来，核心项目资金捐助几乎没有增加，而非核心项目资金捐助却不断增加。各国政府对非核心项目资金的捐助增加，这间接反映了各国政府对联合国组织管理的信任度下降。然而，为了使联合国系统内部正常运作，各机构也只能保持非核心项目资金持续增加的现状，这使得联合国工作人员将注意力从拓展可持续发展的活动转移到四处寻找捐助者上。如此一来，联合国不同组织无法专注于其本身的功能发展，而集中于组织活动来吸引捐助者，这使得这些国际组织的行动产生重叠，进而造成了资源和人力的浪费。

然而，在一些低收入国家，联合国可持续发展系统提供的援助仍然是官方发展援助的重要来源。联合国对 20 个最低收入国家提供了 40%以上的官方发展援助，对另外 33 个低收入国家提供了 20%—40%的官

---

① 参见 Organisation for Economu Cooperation and Development, Multilateral Aid 2018, Paris: OECD, 2018, 94。

方发展援助，这些国家占联合国官方发展援助的 37%。①2018 年区域划分的明细显示：非洲地区是联合国官方发展援助的主要受援地，占官方援助总量的 45%；其次是西亚（占 24%），其中阿富汗和叙利亚各获得了超过 10 亿美元的联合国援助。阿富汗大部分资金用于支持当地经济发展，而叙利亚则主要应用于人道主义援助。②

对于处于危机中的国家，联合国发展系统给予的援助固然重要，然而这些援助数额在国际资源总量中所占份额很小，并且还在持续减少，官方援助下降的幅度更甚。2015 年给予这些国家的官方发展援助仅 1.3 亿美元左右，这一数额还不到流向发展中国家资源总量的 1/10。其他援助捐款的数额逐渐增长超过官方援助，成为主要的资金来源。移民的汇款是官方发展援助的 3 倍多，2015 年达到 4.3 亿美元，该项捐款直接惠及许多穷人。另外，外国直接投资是资本流的最重要类型，2014 年总体达到 7 亿美元，但主要针对亚洲国家和地区，因此仍需调整和补充。

由上，联合国根据不同的职能分工建立了许多独立的专业机构，并逐步组成联合国可持续发展系统。为迎合发展的需求，联合国的活动开始从静态的制定规范和促进合作逐渐扩大到动态的发展援助，这意味着联合国系统的内部调整需要迎合时代变迁。最初，联合国系统的运作由中央资金提供支持，这的确有助于各机构和组织之间保持一致性。然而，随着联合国发展系统的无序扩张，联合国核心机构逐渐失去了原有的中枢地位，再加上联合国系统内的部分组织陆续掌握了资金自主权，引发了一系列关于资源分配的争议。鉴于此，联合国内

---

① 参见 UN, Document E/2018/8, New York, 2018, Figure IV, 10。

② 参见 UNDESA database。

部系统发展的趋势已初步激发了人们的变革意识，使人们萌生了对发展系统进行调整和创新的想法，同时思考如何理性、有效地面对未知的阻力和挑战。

第三章　联合国发展系统在全球治理方面
具体功能的体现

《联合国宪章》第55条强调了联合国在"国际经济和社会合作"与"全球治理、发展"方面的义务,这是联合国宪章第一次也是唯一一次提及"发展"一词。虽然当时并没有对"发展"作出精准定义和详尽阐述,但其中蕴含的思想内核却为联合国日后在全球发展和全球治理等方面指明了努力的方向。

多年来,联合国及其秘书处在吸收后现代理论、新古典经济学理论等优秀的经济政治理论的基础上不断尝试对"可持续发展"这一特殊名词作出定义与解读,并对全球不平等、贸易发展模式滞后等问题进行关注的同时,提出了构建国际经济新秩序(New International Economic Order,简称 NIEO),并进一步探寻可持续发展的实现路径。概括来讲,联合国的可持续发展道路是从原本围绕"经济"与"社会"的二维发展模式转向关注"经济、社会、环境"三者协调发展的三维模式。这种发展模式的变化也成为"可持续发展"的基石,它把《联合国宪章》中关于社会发展和个人发展的概念统筹起来,率先提出了"可持续发展"的概念。① 而这一转变无疑是历史发展的需要。单从可行性角度而言，我们不难发现最原始的二维模式在可持续发展目标（Sustainable Development Goals，简称 SDG）制定之初就已呈现出对"发展"这一概念及其内涵明显的忽视和误读。正因其机械地将社会发展与经济发展单向联系起来，忽视了发展进程中的其他因素，尤其是对于发展和人权这二者之间关系的割裂，最终造成了这种分歧和误解一直延续到当代联合国关于发展目标的设定之中。因而联合国必将迎来更为适应世界格局需求的新转变和调整，即"三维模式"。

第一节　促进全球发展

自联合国成立后，其对于发展的理解一直局限在经济方面。特别是在第二次世界大战结束初期，联合国在欧洲等地推行了经济复兴发展计划。之后由于全球社会运动的不断兴起，联合国发展系统的重心逐渐向经济、社会发展并重的方向倾斜。1955 年，印度、印度尼西亚等五国召集的由 29 个亚非国家参加的万隆会议是这一转变的重要节点，会议在重申并延续《联合国宪章》原则的基础上也孕育出了一些新的思想，比如呼吁结束殖民主义、扩大联合国成员国的规模并采取措施促进各国社会协调发展。万隆会议的召开无疑将原本对经济发展的单项关注拓展到了对全球社会各种变量因素的多维参考，拓宽了发展思路和方法，更是标志着联合国发展系统里程碑式的转变。万隆会议之后，联合国大会

———————

① 参见赵建文：《遵循〈联合国宪章〉：实现发展权的基本保障——以〈改变我们的世界：2030 年可持续发展议程〉为视角》，《人权》2016 年第 4 期。

同意了关于自决权的提议，并促成了 1961 年不结盟运动（Non-Aligned Movement，简称 NAM）的诞生。

随着对全球发展这一概念理解的不断深化，当前的"发展"概念不仅仅被定义为促进经济繁荣、增加就业机会、提升社会福祉、加强环境保护、改善全球人民生活现状等等，在被理解的同时这些领域自身也在不断拓宽、延伸。在转变观念的过程中，联合国作为促进全球发展的最大决策者和行动者不断发挥作用并加深其对全球发展格局的影响。

在推动全球深化发展的进程中，联合国的眼光逐步转移到了环境治理和环境保护领域，并围绕环境问题稳步促成了一系列会议的召开及规划的完善，最终取得了相应的阶段性突出成果。从 1972 年开始，联合国组织了一系列重要的会议，召集各国集中商讨全球环境发展问题。1972 年，在斯德哥尔摩举行的"联合国人类环境会议"上，经济发展和环境恶化之间的问题第一次被提上国际议事日程，环境恶化影响后续的经济发展已经成为人类共识。会议后，联合国及各国政府当即创立了联合国环境规划署，直至今日它仍然是全球最重要的环境保护机构。1973 年，联合国苏丹—萨赫勒办事处成立，这一机构的成立旨在努力遏制西非地区的沙漠化，表明对于环境可持续发展思路的理解及环境保护措施的推行已经初见成效。20 世纪 80 年代，成员国就环境问题进行了里程碑式的谈判，签订了包括保护臭氧层和控制有害废弃物运输在内的条约。联合国大会于 1983 年成立了世界环境和发展委员会，这让人们认识到一种新的发展观的紧迫——在保护一切发展所依赖的环境资源的同时，也确保当代人和子孙后代的经济利益，便是"可持续发展"理念的雏形。进而，该委员会于 1987 年提交给联合国大会的报告中明确提出了"可持续发展"的概念，飞跃式地替代了以完全的无节制的经济增长为基础的发展观。

继这份报告的讨论之后，联合国大会围绕"可持续发展问题"召开了世界级的首脑会议——联合国环境与发展会议（United Nations Coference on Enviroment and Development，简称 UNCED），由此"可持续发展"概念正式被纳入联合国发展观之中，并为发展系统之后的深化调整指明了新的方向，即提出四个十年发展目标以及千年发展目标。截至2019 年，在以联合国千年发展目标为轴心的一系列计划和项目的大力推动下，世界极端贫困人口的数量已经减少了一半，消除贫困工作也取得了卓越成就，这使得联合国领导人更加坚定了全面统筹可持续发展的必要性，继而趁热打铁地通过了宏大的《2030 年可持续发展议程》。同时，随着发展系统的不断完善，联合国亦关注到气候变化对世界发展目标已造成不可小觑的威胁，随即组织开展了一系列关于全球气候治理的多方谈判，并于 2015 年通过了具有普遍意义的《巴黎协定》，为全面管控协调气候环境变化注入了一针"强心剂"。此外，联合国还在努力制定一个发展筹资框架，以确保可持续发展议程和气候行动能够取得充足、合理的资源保障。

对于全球环境发展而言，2015 年是硕果累累的一年。继全球气候协议提出后，联合国又以支持人类和地球所采取的"全球行动"为标杆，设立了以"可持续发展"为主题的互联网平台。它的职能在于紧跟2015 年后可持续发展议程，发布联合国应对气候变化工作及其他相关问题的信息和资讯。该网站在突出位置提供了联合国秘书长关于 2015年后可持续发展议程愿景的报告，并向读者说明帮助宣传这些重要议题的方法。2015 年 9 月，可持续发展首脑会议通过了联合国 2015 年后可持续发展的新议程并针对之前的发展目标进行了反思。其中，联合国对千年发展计划提出了质疑，认为千年发展计划中"消除贫困"这一目标针对的是一部分人而并非所有人。因此，强调联合国下一步新的可持续发展目标的制定将基于完成千年发展目标的遗留任务。

如今，联合国对于"全球发展"的理解和实践渐趋成熟和完善。2019 年 9 月 24 日至 25 日，各国领导人聚集在纽约的联合国总部召开联合国可持续发展目标峰会，全面审查发展中国家和各国际组织关于《2030 年可持续发展议程》和 17 个可持续发展目标的实施情况。此次峰会是自 2015 年 9 月通过《2030 年可持续发展议程》以来首次举行的关于可持续发展目标的联合国会议，它在综合借鉴之前规划优势的基础上作出总结和创新，为下一阶段的可持续发展打造坚固框架。

从学界的研究成果来看，虽然从理论的某个侧面对全球发展进行研究的著作很多，但是对这个概念进行系统梳理和深入挖掘的专著和文章并不多。查耶斯夫妇和亚伯兰在其合著的《新主权》中提到，全球治理无疑在这个时代成为政治合法性的新来源。[①]

作为联合国主导建构的全球治理中的重要一环，全球发展的成功推进无疑能极大地巩固联合国的合法地位。观察以往，联合国屡次在召开大会或发布重磅的报告与文件时，首先要统一各个政治实体的意见，然而冷战期间受东西方阵营对抗的影响，联合国的作用在很大程度上被美苏两个超级大国架空，联合国在不少场合也受制于以美国为主导的西方国家联盟的意见。人类社会即将进入 21 世纪的第 3 个十年，适逢百年未有之大变局，随着东西方实力差距的相对缩小，西方相对衰落的迹象变得越来越明显。在更加公平公正的新国际格局下，联合国作为全球最

---

① 参见 Schneebaum S.M, *The New Sovereignty: Compliance with International Regulatory Agreements*, The George Washington Journal of International Law and Economics, 1995, p.29。

大的政府间国际组织和多边外交舞台，其不可替代性与独特作用将变得越来越突出。促进全球发展和人类的可持续发展作为联合国发展系统的主要任务，也将在这个系统中占据越来越重要的分量。

第二节　构建新国际经济秩序

1962 年，36 个国家的代表在开罗举行了一场关于发展中国家问题的会议，重点解决当时的国际贸易和商品交易问题。会议上，包括拉丁美洲在内的全球 3 个主要发展中国家聚集的地区呼吁召开一次联合国大会，讨论"所有与国际贸易、初级商品贸易和发展中国家与发达国家之间经济关系等有关的重要问题"①。

最初这些提议产生了一些争论，引起了一些发达国家的反对，在一定程度上打击了一些发展中国家对经济发展现状的信心，这一不自信的心态到了 20 世纪 60 年代中期之后开始飞速发酵。随着国际贸易形势的不断恶化，发展中国家逐步沦为西方发达国家的原料产地和商品倾销地，甚至还面临着贸易保护主义威胁，以及可能被排除在关税及贸易总协定（简称关贸总协定）之外的后果。相应地，1957 年，西欧各国签订《罗马条约》后建立了欧洲经济共同体，并制定农业政策对进口设置了很多的壁垒，这给发展中国家及地区的发展造成了更多的阻碍。在缺乏国际贸易组织保护的情况下，关贸总协定的规定对发展中国家而言几乎得不到任何好处，还为其招致了更大的国际竞争压力。比如，20 世

---

① UN, *The History of UNCTAD 1964–84*, New York: UN, 1985, p.10.

纪60年代初，关贸总协定致力于降低当时43个成员国内部的工业关税，特别是对棉纺织品的进口实施定量限制，由于棉纺织品是许多发展中国家制造业的基础，所以这一举措对一些提供制造业初级产品的发展中国家所造成的伤害不言而喻。

随着这些规则性漏洞破坏程度的不断加深，缺乏贸易规则保护的国际经贸循环体逐步出现了混乱的局面，这不仅导致发展中国家在国际市场上的竞争力迅速降低，亦为世界经济全面、协调的可持续发展目标的实现设置了重重阻碍。

随着国际政治经济形势的发展，1963年，75个发展中国家成立"七十五国集团"（G75），开始作为一个整体与发达国家进行谈判和博弈，这标志着代表发展中国家意见和利益的呼声开始走向统一。这逐渐引起了发达国家的关注。1964年3月至6月，在日内瓦万国宫正式召开了规模最大、历时最长的贸易会议，即第一次联合国贸易和发展会议（UNCTAD，简称贸发会议）。此次会议由出任第一任秘书长的劳尔·普雷比什（Raul Prebisch）主持，77个发展中国家和地区在会议上发表了联合宣言，围绕四年的会议周期设立了常设秘书处，并辅之以59名成员国代表组成的贸易和发展理事会在会议期间作为理事机构。该组织的秘书处是驻纽约的联合国经济和社会事务部（United Nations Department of Economic and Social Affairs，简称 UNDESA）的"竞争对手"，后者执掌联合国经济及社会理事会秘书处的工作。联合国经济和社会事务部从经济及社会理事会中接管了一些职能，其中最显著的一项职能便是商品协定谈判，体现了对于贸易保护措施的重视和践行。然而，秘书处之间的竞争从未令人满意，一些各自推进的项目仍需承接和调整。

　　在普雷比什的领导下，联合国相关组织代表发展中国家的利益推行了三项议程，分别是：工业贸易优惠、优惠金融和商品政策。特别是贸发会议，在成立之初就为发展中国家商讨工业贸易相关的优惠政策及措施，即所谓的普遍优惠制度（Generalized System of Preferences，简称GSP）。该制度在联合国贸易与发展会议第二次会议上获得原则上的同意，并于1971年获得关贸总协定的批准。普遍优惠制度允许发展中国家生产商在不受限制的前提下优先进入发达国家市场，这显然有利于发展中国家发展出口贸易，为发展中国家在世界进出口贸易竞争中争取了相对公平的机会和竞争环境。

　　之所以提出优惠金融和商品政策，是因为要为发展中国家寻求补充资金。这些国家因为商品价格下降在国际收支方面遇到了短期困难，因而贸发会议的专家组主张寻找更多的流动性资金来辅助其商品入市，这一想法促成了国际货币基金组织在1967年同意并设立了特别提款权（Special Drawing Right，简称SDR）。而在此之前，国际货币基金组织就已在1963年表明同意建立一个旨在帮助发展中国家实现金融流通的补偿性融资机制。事实证明，这一融资机制与之后确立的商品政策的配合无疑为发展中国家的商品产销提供了充足的资金储备，具备了不可估量的实际价值。

　　上文所述的阿根廷经济和社会学家普雷比什是第三世界发展和国际经济新秩序研究方面的权威学者，在其所著的《外围资本主义》一书中，他提出了中心和外围地区、外围地区内部的次中心和次边缘地区之间的周期性流动模型。一旦这一模型出现破裂，大宗商品的价格就会陷入持续的低迷，继之而来的便是大规模的货币贬值。为了避免这一毁灭性结果的出现，必须对现有的贸易和生产体制进行小范围但有次序的缓慢渐进的改革。近年来，奥坎波、埃尔廷、杰克斯和亚伦斯基等人对普雷比什这一观点进行了深化和拓展。与那些持激进主义立场的理论家或行动主义者不同，普雷比什所持的渐进改良观点在当时并没有得到大多数人的认同。某些迫切希望改变现状的发展中国家领导人脱离了联合国的组织框架，另起炉灶搞起了排除发达的中心国家参与的南南贸易与南南合作。

在成熟的政策提出之前，质疑与压力是无可避免的，也是错综复杂的。例如关于商品政策的讨论持续了几届贸发会议，发展中国家对于价格的稳定性和价格水平的合理性仍存在双重担忧，对于追求单个商品的国际商品协议和对发展中国家的所有商品采取共同方案的双向选择之间存在分歧，关于"有偿价格"的构成亦存在争议。

直到 1976 年，继大宗商品价格普遍暴跌之后，即在内罗毕召开的贸发会议第四次会议上，商品综合方案（Integrated Programme for Commodities，简称 IPC）才达成一致。方案致力于制定 18 种不同商品的具体协议，试图确定生产者和消费者双方都能接受的价格。在贸发会议的倡导和联合国的协助下，商品综合方案制定了可可、糖、天然橡胶、热带木材、锡、橄榄油和小麦的国际商品协定。此外，商品综合方案还提议设立关联所有国际商品协定的共同基金，以补偿在其他商品价格上涨时某些商品价格下跌造成的损失。然而，在会议之后，一些依赖于商品综合方案的发达国家试图推迟达成协议，直到 1980 年才通过了商品综合方案协定的条款，而商品共同基金直到 1989 年才真正成立，这已是贸发会议第一次会议之后的 25 年。① 以上都证实了为寻求公平合理的

---

① 参见 I. Taylor and K. Smith, *United Nations Conference on Trade and Development*, London: Routledge, 2007。

贸易政策之路是艰难的，亦是意义非凡的。

　　1973年9月，不结盟运动（NAM）国家在阿尔及尔举行了政府级首脑会议，要求召开联合国大会特别会议，讨论"与原材料和发展有关的问题"。在一些发达国家的强烈反对下，大会仅仅同意了一项关于《建立新的国际经济秩序的宣言》（以下简称《宣言》）和一项行动纲领。其中《宣言》广泛涉及商品出口、发展融资、工业化、技术转让、跨国公司（Transnational Company，简称TNC）控制和联合国改革，使其对国际经济决策有更大的发言权。①《宣言》的精神在1974年12月联合国大会通过的《国家经济权利和义务宪章》中得到重申：商品卡特尔化和发展中国家主张经济主权。1975年，不结盟运动国家又召开了一次特别会议（第七次会议）进一步讨论新国际经济秩序问题，这次会议产生了一项较为温和的决议，但一些发达国家在最后文本上作出了书面保留。② 很明显，除石油出口外，发展中国家缺乏经济杠杆来促成经济力量发生实际变化，但是像沙特阿拉伯等一些出口国基础资源的出口收入大幅度增加，使得其中一部分资金被捐赠给了联合国，发展中国家在其中获得了一些经济势力的平衡。更可喜的是，一些以第一产业为主的发展中国家在1977年成立了国际农业发展基金，以促进发展中国家实现农业发展和粮食自给自足，进而保障发展中国家的基本生存，使得发展中国家团体在国际抗衡中的经济地位得到一定程度的提升。

　　到20世纪70年代，贸易和发展会议和联合国在全球经济辩论中形成了一种新的融合。之后的10年里，发达国家已成功通过世界银

---

① 参见UN, GA resolution 3201（S-VI）and 3202（S-VI），New York: UN, 1 May 1974。

② 参见UN, GA resolution 3362（S-VII），New York: UN, 16 September, 1975。

行、国际货币基金组织以及世界贸易组织等机构开展经济讨论。20世纪90年代末亚洲金融危机以及2007—2008年金融风暴期间，尽管当时采取的一些救市政策会对发展中国家造成明显的损害，但发达国家还是故意将辩论焦点从联合国引开，转移了国际社会对发展中国家的注意。为了维持全球经济秩序的平衡性和稳定性，世界银行前主席约瑟夫·施蒂格勒兹（Joseph Stiglitz）在担任联合国专家委员会主席期间，曾于2009年起草了一份报告，这份报告称原本希望能够改变这种情形，然而以英国和美国为首的西方国家"全力抵制以确保联合国不能开展后续工作，并拒绝了委员会在次年向联合国大会报告的提案"①。这些都说明，想要更好地促进和维持经济秩序的公平有效，发展中国家还有很长的路要走。

总的来说，第三世界国家寻求建立新国际经济秩序的斗争道路艰难曲折，各方从各自的利益角度出发，所给予的评价褒贬不一。但不管是发展中国家自身还是各个发达国家，各个国家行为体终于在冷战后期就解决世界经济发展不平衡的问题达成了比较广泛的共识，即必须通过联合国尤其是其发展系统的框架，通过多边协商和多重博弈的方式来逐渐解决，这实际上对普雷比什当初所设想的道路作出了部分肯定。就目前来看，新旧秩序仍处于交替之中，以中国、印度、巴西等金砖国家为代表的发展中大国的群体性崛起极大改变了全球发展格局，世界权力的重心开始由西方逐渐转移到非西方，这也对联合国发展系统的改革产生了深刻影响。作为世界上最大的发展中国家，中国积极倡导人类命运共同体，支持联合国发展系统的内部改革，未来如果出现全新的国际经济秩

---

① W. Robert, *The Art of Power Maintenance: How Western States Keep the Lead in Global Organizations*, Challenge Vol.56, No.1, 2013, pp.5–39.

序，也一定会带有鲜明的中国印记。

第三节 提供就业机会

对于任何一个国家的繁荣稳定来说，高质量的工作岗位和普遍的就业率都不可或缺。促进经济发展、解决就业问题也是联合国发展系统一直以来的一个重要的努力方向。当前世界人口中约有半数每天生活标准不足 5.5 美元，全球失业率达 5.7%（2018）①。缓慢和不均衡的经济发展要求联合国重新思考和调整关于消除贫困的工作方向。

持续缺乏体面的就业机会以及投资和消费不足的问题侵蚀了作为民主社会根基的社会契约。尽管世界范围内实际人均国内生产总值（GDP）的年均增长率在逐年增长，但很多发展中国家的增长速度却在放缓，远远达不到联合国所商定的关于 2030 年 GDP 年增长率维持在 7% 的具体目标。随着劳动生产率的下降和失业率的上升，工资收入逐渐减少，人们的生活水平持续下降，就业形势严峻成为人们的共识，就业需求成为目前亟待解决的棘手问题。

在联合国建立时，充分就业被认为是经济健康的风向标和经济增长的指南针。20 世纪 70 年代，国际劳工组织率先提出了一种发展方法，即所谓的"基本需求方法"。该方法强调必须制定经济战略来解决三重就业问题：低收入、低生产率和求职受挫。因此，不仅要求就业总量达标，更重要的是保持就业质量的达标。所谓的"基本需求方法"是在

---

① 参见 World Bank, *Migration and Development Brief 26*, Washington D.C., World Band, April 2018。

1970—1976 年对 7 个国家执行的一系列全面就业任务，主要对各国经济增长目标进行细化，目的是建立一种增长再分配模型。这种再分配将涉及税收以及政府对社会部门的预算分配，以"提高就业，提高穷人的信贷、资产和技能"①。

国际劳工组织针对 1976 年举行的世界就业会议发布了一份开创性的报告——《就业、增长和基本需求：一个世界性的问题》，报告声称就业是改善生计的关键。但是，在 20 世纪 80—90 年代，发展中国家面临着越来越多的国际债务危机和越来越高的服务成本，这导致世界银行和国际货币基金组织强制规定将"结构调整"作为获得贷款的前提条件，要求发展中国家政府减少对社会部门的支出，鼓励扶持普遍就业，这在一定程度上改善了部分发展中国家的就业形势。

然而，完全依赖国际劳工组织并没有使就业问题得到完全有效的解决。如何协调整个发展系统以实现全球普遍且充分的就业问题逐渐浮出水面。对此，近 30 年来联合国发展系统自身一直没有停止相关的研究和改革。近年来的科技发展使人类处在一个数字化的相互依存时代，目前联合国正大力促进各国就业的数字化合作。这一合作体现在以下的五个方面②。

第一，构建普惠性的数字化社会，在创造尽可能多的数字化岗位的同时，也创造大多数人能负担得起的数字化产品；

---

① R. Jolly, L. Emmerij, D. Ghai, et al, *UN Contributions to Development Thinking and Practice*, Bloomington: Indiana University Press, 2004, p.113.

② 信息来自 2018 年 6 月召开的联合国 "Report of High-Level Penal on Digital Cooperation" 会议。

第二，协助构建全球性的数字化技术平台，帮助各个国家将数字化技术落实到经济社会的发展之中，以创造更多高质量的就业岗位；

第三，将现有的人权规则和规范融入科学技术的应用之中；

第四，加强构建负责任的数字技术使用规范和职业准则；

第五，构建起一个支撑全球劳动力自由发挥其价值的灵活开放的平台，以不断适应快速变化的数字化时代。

从学界的研究情况来看，以联合国促进就业为主题的作品呈现出多样化的倾向。有的学者对如何在全球劳动力的年龄结构日益不均衡的情况下进一步促进广泛、普惠而充分的就业进行研究[1]；有的学者则对某一阶段的联合国促进就业工作取得的实效进行深入的剖析与述评[2]；有的学者则另辟蹊径，将联合国的观念研究与包括劳动促进项目在内的实际工作结合起来[3]。总体来看，针对联合国发展系统改善劳动条件和促进就业实践方面的研究是比较冷门的研究领域，大量的文献相对集中于气候与环境合作、司法合作和跨区域问题的多边协调等方面。就联合国发展系统劳动就业方面的研究而言，由于其数据的公开化和透明化，多数国际学者只是将其视为一项独立的经济指标。鉴于其与全球减贫、环境治理、人口控制等方面有着千丝万缕的联系，有关的创新性研究也将变得意义非凡，希望有更多的中国学者投入到这一领域的研究之中。

---

[1]　参见 J. Michaelis and M. Debus, *Wage and Unemployment Effects of an Ageing Workforce*, Journal of Population Economics, Vol.17, 2011。

[2]　参见 L. Gold and E. Connolly, *Development and the United Nations: Achievements and Challenges for the Future*, Irish Studies in International Affairs, Vol.24, Iss.4, 2006。

[3]　参见 *Trent and Schnurr*, A United Nations Renaissance, 2018。

第四节　促进社会发展

促进社会发展作为联合国长期的一项发展课题，与前文所述的全球发展不完全相同，但有一定的重合之处。自冷战中后期以来，世界权力格局逐渐稳定，社会发展项目的性质就变得越来越纯粹。与全球发展课题不同，社会发展秉承人权的理念，而前者的规范基础显然更为多元。① 联合国促进社会可持续发展主要体现在促进妇女权益保护、儿童权益保护、教育普及化等社会领域。

关于妇女权益保护，早在 1946 年，联合国在纽约成立了妇女地位委员会，表明当时联合国已经认识到保护妇女利益问题的重要性。之后，联合国下属的相关组织进一步深入研究妇女在世界各地中的地位与贡献。1976 年，联合国妇女发展基金（United Nations Development Fund for Women，简称 UNIFEM）在纽约成立（由 UNDP 管理）。紧接着，在多米尼加共和国首都圣多明哥设立提高妇女地位国际研究训练所（International Research and Training Institute for the Advancement of Women，简称 INSTRAW）。在过去 10 年中，割礼（切割女性生殖器）的行为减少了 30%。但要彻底破除这些野蛮而残忍的风俗，仍面临不少难题和挑战。例如，欧洲联盟（欧盟）和联合国发起一项全球性倡议，注重消除对妇女和女童一切形式的暴力行为——聚光灯倡议。该倡议之所以取这个名字，是因为它让人们关注到对妇女和女童暴力的问题，使其进入聚光灯下，并使其成为根据《2030 年可持续发展议程》实现性

---

① 参见 E. Reichert, *Challenges in Human Rights: A Social Work Perspective*, New York: Columbia University Press, 2007。

别平等和增强妇女权能工作的中心。聚光灯倡议将采取积极的措施应对一切暴力侵害妇女和女童的行为，特别关注家庭暴力、性暴力、性别暴力及杀害女性、贩运人口、性剥削和经济（劳动）剥削等严峻问题。根据《2030年可持续发展议程》，该倡议将与"不让任何一个人掉队"（Leave no one behind）原则全面结合起来。

1993 年，联合国就妇女权益保护问题发布了阶段性的总结报告。在这一报告中，联合国着重指出了 20 世纪末世界妇女不平等的处境及其严重性。虽然过去大部分工作取得了显著的成效，但在落后地区，妇女受到的非人化待遇仍然没有得到实质性改善。在未来几十年内，联合国发展系统的相关部门将面临许多新情况和新问题，迫切需要研究探索，有效解决，积极作为。

关于儿童权益保护。联合国儿童基金会成立于 1946 年，它是一个关于维护儿童权益的"紧急救助基金"，承担了联合国善后救济总署的部分责任，为当时饱受战争蹂躏的欧洲儿童提供救济。1959 年，联合国大会通过《儿童权利宣言》。1965 年，联合国儿童基金会成为世界上第一个获得诺贝尔和平奖的组织。

联合国儿童基金会以积极监测全世界（包括发达国家）儿童的生存状况为基础，将全世界的注意力聚焦于儿童发展的困境。1989 年，联合国大会批准了《儿童权利公约》，有力保障了全球儿童的合法权益。

关于人口控制，联合国一直致力于管控全球人口和提升人口素质。在联合国成立初期，世界人口为 25 亿人，但由于部分国家没有进行人口普查，也没有积极预测未来人口的发展趋势，导致全球人口在此之后急剧膨胀。之后，随着生活条件的改善和医疗技术水平的提高，婴儿的死亡率迅速下降和成人的寿命普遍延长，人口增长率从 1% 提高到 2%，

70 年内世界人口增长近 3 倍（达 73 亿人），人们将此现象形象地称为"人口爆炸"。在这一期间，发展中国家的人口比重从 70% 上升到 80%，60 岁以上人口增加了 10 倍，达到 9 亿人。英国经济学家马尔萨斯认为，发展中国家应不惜一切代价控制人口数量，以免超出地球的承载能力。这一观点促使作为人口大国的中国和印度迅速采取各种措施控制人口数量。1976—1977 年，印度强制实施大规模的节育计划；1978 年，中国开始对一部分人口实行独生子女政策，该政策一直持续到 2015 年。此外，在不同时期，一些捐助国通过建立人口基金（最初称为联合国人口活动基金），在严格遵守《联合国宪章》规定的前提下，以宣传和提供避孕药等方式帮助妇女节育。长期以来，联合国积极负责人口统计，其每年根据不同国家的生育情况发布《人口趋势决定因素与结果》，为预测全球人口规模和增长趋势作出重大贡献。

关于教育普及，高质量的教育不仅有利于改善人们的生活，也有利于实现可持续发展，更有利于人们掌握丰富的知识，为解决世界上各种纷繁复杂的问题提供新理念、新思路、新方案。然而，目前教育的普及程度并不理想。据联合国教科文组织 2019 年统计，全世界有超过 2.65 亿儿童失学，其中 22% 为小学适龄儿童，即使是上学的儿童也缺乏基础的阅读和数学技能。在过去 10 年间，联合国在增加教育机会、提高入学率，尤其是提升妇女和儿童的入学率方面作出了巨大努力并取得重大进展。但还需要更为大胆的突破，以实现普及教育的目标。比如在初级教育阶段，各国已经基本实现了男女受教育平等，但在中等和高等教育阶段实现这个目标还需要联合国协调各方，不懈努力。联合国对全球教育的贡献可以从以下四方面进行概述：强调教育是一项人权；设定教育目标和标准；促进教育规划和监测；向世界各国、特别是贫穷国家提供直接支持。①1948 年，联合国教科文组织在《世界人权宣言》宣布受教育权利，这一权利在 1996 年《经济、社会和文化权利国际公约》和 1989 年《联合国儿童权利公约》中又作了详细阐述。1990 年，联合国教科文组织与联合国儿童基金会、联合国开发计划署和世界银行联手在泰国乔姆蒂恩召开世界全民教育会议，提出一系列内涵丰富、思想深刻、立意深远的教育目标，有力促进了全球教育的普及和发展，有力推动了全球人口素质的普遍上升。

关于促进文化多样性，联合国教科文组织长期以来一直强调文化多样性，反对文化霸权主义。《联合国宪章》也提到文化多样性的重要性，同时，对文化多样性的支持在联合国主要的人权文书中也得到证实。1966 年《公民权利和政治权利国际公约》第二条规定："每一缔约国……承诺尊重和保证其领土内受管辖的一切个人享有本公约所承认的权利，不分种族、肤色、性别、语言、宗教、政治或其他见解、国籍或社会出身、财产、出生或其他身份等任何区别。"②今天，联合国教科文组织在文化领域最突出的贡献是保护世界各地的文化遗产。这场运动开始于 20 世纪 50 年代末，联合国教科文组织为了保护努比亚阿布辛贝尔和菲莱神庙，引入专家监督并筹集资金，确保遗产的完整。随后，联合国教科文组织参与威尼斯、博罗布尔和迦太基的遗址恢复工作，这项工作最终制定了 1972 年《保护世界文化遗产和自然遗产公约》，加强了对世界各地文化遗产的重视和保护，促进了对世界文化多

---

①　参见 R. Jolly, L. Emmerij, T. G. Weiss, et al, *UN Ideas That Changed the World*, Bloomington: Indiana University Press, 2009。

②　UN, *International Covenant on Civil and Political Rights*, General Assembly resolution 2200A (XXI) of 16 December 1966.

样性的尊重和传承。截至 2019 年，全世界约有 1000 多处遗产（其中 200 处为自然遗址）由世界遗产委员会监督并予以保护。

联合国的社会发展援助相对于各国来说是一种必不可少的外部助力，随着各国对联合国社会发展规划和愿景的深入理解，联合国及其成员国呈现出相互影响、相互学习、相互内化的样态。当今世界，各国政府基本上都在全力配合联合国社会发展纲领。可以说，联合国的社会发展目标虽未全部实现，但在规范建设上已经取得重大进展，最不发达国家和地区的人权状况也得到了显著改善。

第五节　促进环境可持续性发展

对联合国发展系统的事业来说，可持续发展是较为年轻的课题。自 20 世纪 70 年代以来，联合国日益关注环境管理。1971 年，莫里斯·斯特朗（Maurice Strong）被任命为联合国环境与发展会议秘书长。他组建专家小组在富奈克斯村讨论议程，为全球会议制订计划。参会者包括马哈布布尔·哈克（Mahbubul Haq）、贾马尼·科雷亚（Gamani Corea）、芭芭拉·瓦尔德（Barbara Ward）、扬·丁伯根（Jan Tinbergen）和其他几个联合国协会成员。这次会议首次提出了环境与发展同发展中国家的关系，并强调各个国家应重视环境问题。①1972 年，第一次联合国环境与发展会议在斯德哥尔摩正式举行。同年，联合国在内罗毕新设立环境规划署，斯特朗成为总干事。1987 年，挪威总理

---

① 参见 P. Streeten, "Foreword" in Mahbubul. Haq, *Reflections on Human Development*, New York: Oxford University Press, 1995。

格罗·布伦特兰（Gro Brundtland）在世界环境与发展委员会上向联合国提交报告，并创造性地提出"可持续发展"一词。报告指出保护环境的必要性和紧迫性，并推动1992年、2002年和2012年一系列会议的召开。为突出对碳排放的关注，1992年里约会议呼吁制定《联合国气候变化框架公约》，该公约于1994年正式制定，并于1997年就控制排放问题进行了《京都议定书》谈判。《联合国气候变化框架公约》每年举行一次会议（缔约方会议，简称COP）审查公约的遵守情况，涉及的其他相关协议还包括《联合国生物多样性公约》和《防治荒漠化公约》等等。联合国环境规划署一直是全球环境状况研究和信息的重要来源。当然，它最突出的贡献是应对目前被认为是对地球造成最大威胁的环境问题：全球变暖。1988年，联合国环境规划署与气象组织联合成立了政府间气候变化专门委员会（Intergovernment Panel on Climate Change，简称IPCC），以监测全球变暖的速度。委员会由195个国家构成，它分析世界各地关于环境问题的科学依据，并定期在评估报告中详细列出，将政府决策与科学证据结合在一起，这种方式既保证了证据的可信度，又有助于政策的制定。此后，委员会持续发挥作用，其调查结果逐步纳入《气候变化公约》的年度例会，协助各国政府在2015年签署气候变化公约的新协定——《巴黎协定》。

在这一时期，联合国还召开了一系列国际学术会议。1979年，由欧洲共同体在全球环境规划会议汇集了大量的学者，他们来自各个学科和世界各地的教育研究机构。在会议上，有学者提出"绿色生产总值"（Green GNP）的概念，这一概念与可量化、可交易的碳排放理念一脉相承。在这一领域，学术界与政界、外交界之间的"旋转门"相当醒目，有些学者从事概念创新，后来成为具体项目的负责人。有些前联合国官员加入有一定宗教和行业背景的智库搞起了倾向性研究 ①。

第六节　促进人类个体发展

印度籍经济学家、诺贝尔奖获得者阿马蒂亚·森（Amartya Sen）在《以自由看待发展》中认为，经济发展就其本质而言是自由的增长，人的实质自由是发展的最终目的和重要手段。而人的实质自由指的是"享受人们有理由珍视的那种生活的可行能力"。具体地说，"实质自由包括免受困苦——诸如饥饿、营养不良、可避免的疾病、过早死亡之类——的基本的可行能力，以及能够识字算数、享受政治参与等等的自由"。② 实际上，人类个体的发展分为两个阶段：第一阶段是人基本能力的形成，比如生存、获取生存知识和技能；第二阶段是在掌握基本技能的基础之上进行拓展，以获得复杂的生活能力，比如提高生产效率、从事文化、社会和政治事务。根据人类发展的这个概念，收入显然只是人们希望拥有的一个选择，尽管它很重要，但它不是生活的全部。因此，发展不仅仅是收入和财富的扩张，它的出发点和最终落脚点是关于个体的可持续发展。

牛津大学在 1990 年发布了一份人类发展报告，并根据收入、寿命和教育程度，制定了一个衡量人类发展的人类发展指数（Human De-

---

① 参见 A.Clayson, *Global Environmental Research: Who's Doing What*, Ambio, Sweden, 1990（5），pp. 270–272。

② 徐本磊：《两种发展观的简单比较与思考——读阿玛蒂亚·森的〈以自由看待发展〉有感》，《学理论》2011 年第 3 期。

velopment Index，简称 HDI）。这个指数虽然并不能充分地涵盖全面赋权概念，但是由于其简洁明了、具备数据衡量的特点，在世界上引起了极大的反响。同时，报告用统计数据来突出其调查结果，驳斥只注重收入和增长的正统经济观点。它毫不避讳地区分出人类发展成功和失败的国家，例如：斯里兰卡、智利、哥斯达黎加、牙买加、坦桑尼亚和泰国等国在人类发展方面的表现优于收入方面的表现，这表明它们将更多的经济资源用于人类个体的进步。阿曼、加蓬、沙特阿拉伯、阿尔及利亚、毛里塔尼亚、塞内加尔、喀麦隆和阿拉伯联合酋长国等国的境况相当不好，表明它们尚未将收入转化为人类进步的来源。[①] 报告还包含了所有发达国家和发展中国家的人类发展指数排名，这一参数相对于联合国的传统政治来说对各项表现的评注结论显得更加中立。尽管这不是一份经济报告，但它是由经济学家撰写的，并明确罗列出了个别政府使用资源的途径。同时，该项报告也反映了人们对可持续发展以及个体发展结构的担忧。从此，人的个体发展开始得到联合国开发计划署的全力支持，越来越多的国家开始编制自己的国家报告，甚至是区域报告。截至 2019 年，全世界已编制了约 750 份报告，逐渐成为世界主流的科学理论，为全球人类个体发展提供了可靠的数据支持。1994 年，联合国在纽约发布了一份发展议程，借鉴了人类发展报告中的许多理念。1995 年，联合国举行了两次主要会议，分别为在哥本哈根举行关于社会发展问题的世界首脑会议以及在北京举行妇女问题全球会议。在哥本哈根会议上，"各国政府就将人民置于发展中心的

---

① 参见 UNDP, *Human Development Report 1990*, New York: Oxford University Press, 1990, p.3。

必要性达成了新的共识"①，但报告并未提到"人类发展"这个概念。而在北京会议成果编制的一份关于性别的人类发展报告中仅包含两个关于人类发展的参考文献。直到 2000 年，联合国会员国通过了《千年宣言》，再从《千年宣言》中提炼出千年发展目标，更简洁地指明了人权、善政、和平与安全等方面的发展方向。2005 年，联合国发表了一份更加全面的成果声明，突出强调了对当代人权安全的关切，同时重申了其对千年发展目标的承诺。2015 年，联合国首脑会议订立了一套可持续发展目标，并将其作为成果声明的一部分。但该声明仅粗略提及个人权利，主要强调的是要建立社会、经济和环境问题的三维框架。②作为一项业务议程，这项新议程几乎完全没有提到联合国关于人权问题的立场，即对基本人权、人类尊严和价值的信仰。

归纳起来，围绕人的个体的可持续发展这一核心领域，联合国开展了大量工作。第一，《联合国宪章》奠定了第二次世界大战后国际秩序和平稳定的法理基础。在宪章基础上形成的多边国际秩序、集体安全机制以及一些基本的行为规范、共同的价值观念，是第二次世界大战后和平与安全的基本保障。世界的总体和平就是对整体人权的最大保障。如今的人权发展设想仍需要回归宪章，弘扬宪章精神，维护宪章权威，发挥宪章作用。第二，联合国倡导并实施维和行动，缓和了地区冲突，维护了世界秩序的和平。70 多年来，联合国及其专门机构、工作人员，共 11 次获得诺贝尔和平奖，这就是联合国对于世界和平作出贡献的最

① 参见 UN, *Report of the World Summit on Social Development*, UN document A/ CONF. 166/9, 19 April 1995。

② 参见 UN, *Transforming Our World: The 2030 Agenda for Sustainable Development*, GA Resolution A/RES/70/, 25 September 2015。

好证明。第三，联合国推进了非殖民化进程，同时加强了国际社会法治，促进和保护了人权，努力实现主权的平等和国际关系的民主化，确立了以民主、平等为目标的国际政治新秩序。随着大量亚非拉民族独立国家加入联合国，这些新兴发展中国家已俨然成为独立的国际政治力量，也成为国际关系民主化的主要力量，并在联合国政治生态的转变中逐渐发挥着越来越大的作用。第四，通过四个"发展十年"以及千年发展目标制定 2015 年后发展议程，将推动建立更加公平的国际经济环境和可持续发展机制。

综合以上评述，可以看出在过去的一段时期内，联合国对全球不同层次的人群和个体的良善发展作出了不可替代的贡献。但与此同时，由于联合国自身机构和功能的无序发展，导致其出现臃肿和不畅，再加上外部因素如长期的冷战和突发紧急情况的干扰，因而在某些方面达不到预期的效果。在冷战结束后的 20 年里，联合国改革的呼声日益强烈。但是，由于联合国系统的惯性和各方阻力，各种改革方案屡屡受挫，联合国在世界舞台上的地位明显下降。

第四章　联合国发展系统的全球发展
目标的嬗变

第一节　联合国发展目标确立的背景

联合国向来就有制定发展目标的传统，最初为了恢复战后各国的经济。从冷战后期开始，为了更好地促进全球发展，联合国在每个时期都制定一个比较明确的目标。早在 20 世纪 60 年代，联合国就确定了第一个发展目标。随后的几十年，联合国又举办了许多备受瞩目的全球会议，旨在关注不同国家、不同领域的发展问题。例如，2000 年 9 月，在千年首脑会议上确定了千年发展目标；2015 年，在联合国大会上又通过了 2016 年到 2030 年的可持续发展目标。

纵观联合国在各个时期的发展目标与规划，大都呈现出一贯的连续性和相对的特殊性。有学者就此提出了联合国发展目标的动态模型的观点。[①] 但也有学者对联合国发展目标尤其是千年发展目标的虚幻性提出

---

① 参见 B. Lomborg, *Promises to Keep*: *Crafting Better Development Goals*, Foreign Affairs, 2014。

了批评。①也有不少文章对最新的发展目标进行述评。②更为详细的情况，由于与本书关联不大，请参考斯蒂芬·布劳恩（Stephen Browne）的著作，此处不再详述。

第二节　四个十年期的发展战略目标（1946—1990）

在联合国发展系统成立的早期，联合国对于整体的发展目标并没有进行详细的规划。特别是当时一些发达国家出于利益考虑，忙于自身的经济恢复与扩张，对部分国家的援助是非常有限的。加上一些官方援助由于没有对发展目标进行阶段性划分，并附加政治条件，导致部分受援国贪污腐败严重，援助缺乏透明度，没有发挥应有的效果。

在20世纪60年代，情况有了新的变化。1961年9月，美国总统约翰·F·肯尼迪（John F·Kennedy）在联合国大会开幕之前宣布，20世纪60年代为联合国发展第一个十年。③同年12月，联合国大会正式指定60年代为联合国发展的第一个十年。该十年的目标是经济稳定增长，发展中国家经济增长目标为5%，要求扩大初级商品出口，增加包括外国直接投资在内的金融资源从富裕国家流向贫穷国家的总量。这些目标具有典型的时代特点：依靠经济扩张来解决发展问题。除了这个年代的主要发展目标外，联合国还提到许多促进发展的"方法"和"措施"，

① 参见 A. Ziai, *The Millennium Development Goals: Back to the Future*, Third World Quarterly, 2011, 32 (1), pp.27–43。

② 参见 N. K. Poku, J. Whitman, *The Millennium Development Goals and Development after 2015*, Third World Quarterly, Vol.32, No.1, 2011, pp.181–198。

③ 参见王文：《联合国四个发展十年战略评析》，《国际论坛》2001年第3期。

例如支持工业化和生产性农业的深化，强调促进教育、开发"科技潜力"，其中也有关于人类发展方面的思考，例如"扫除严重影响欠发达国家人民生产力的文盲、饥饿和疾病"。整体而言，该目标主要呼吁采取措施帮助发展中国家制定国家计划。① 为了对下一个发展十年提前进行规划和监督，联合国秘书长于 1966 年成立了发展规划委员会，由著名的荷兰经济学家扬·丁伯根（Jan Tinbergen）担任主席。同年，对联合国第一个发展十年进行了回顾，并审议了第二个发展十年战略，最终，经过联合国大会第二委员会的激烈争辩后，达成了关于第二个发展十年的协议。

1970 年 10 月，联合国正式宣布了第二个发展十年目标，并批准了一项详细的国际发展战略，但公开段落的措辞和基调引发了关于国际新秩序的激烈讨论："国际发展活动的成功在很大程度上取决于整体国际形势的改善……"，"发展中国家的努力将不足以使它们迅速地实现所期望的发展目标，除非发达国家通过增加财政资源或是更有利的经济和商业政策给予援助"。② 该决议预计"全面而彻底的裁军应释放出大量可用于经济和社会发展的额外资源"。在执行过程中，联合国专门制定了一些关键目标，首先从经济增长率开始，在人口平均增长率为 2.5% 的情况下，提出 10 年内经济增长目标从 5% 提高到 6%，人均增长率达到 3.5%；农业和制造业年增长率分别为 4% 和 8%；国内储蓄率将以每年 0.5% 的速度增长，争取达到 20%；进口增长"略低

---

① 参见 UN, *Development Decade*, *A Programme for International Economic Cooperation*, General Assembly Resolution 1710（XVI）。

② 参见 UN, *International Development Strategy for the Second United Nations Development Decade*, General Assembly Resolution 2626（XXV）paras.5 and 11。

于"7%，出口增长"略高于"7%。还有一些关于教育、卫生、营养、住房、青年和妇女的主张。在国家层面，每个发展中国家都被要求"在适当的情况下"建立评价机制。战略的最后一部分题为"舆论动员"，旨在促进各国和国际社会形成发展的意识。在这 10 年中，联合国还相继发表了一系列其他的发展宣言。1974 年，联合国大会特别会议通过了一项关于《建立新国际经济秩序的宣言》及《国家经济权利和义务宪章》。在没有确定任何具体目标的情况下，宣言呼吁"加快实施"联合国第二个发展十年战略。[①]1975 年，联合国工业发展组织在秘鲁利马举行了一次重要会议，其精神与新国际经济秩序会议类似。它还发表了一份宣言，提出更加雄心勃勃的目标来补充第二个发展十年的制造业目标，即在宣言中呼吁发展中国家到 20 世纪末将其在世界工业生产中的份额增加到至少 25%，这意味着年均增长率要高于 8%。第二个发展十年结束时的成果同样也是喜忧参半。经济平均增长率维持较高：发展中国家整体增长 5.6%。但主要得益于制造业的增长，农业部门平均每年仅增长 2%。对于发展中国家来说（最新指定为七十七国集团），最大的失望是发达国家未能将其官方发展援助比例从 0.36% 提高到 0.38%。在新国际经济秩序背景下，七十七国集团认为这是最明显的一项失败，尤其是与阿拉伯国家援助资金的增加比例进行对比。由于阿拉伯国家从石油出口收入的大幅增长中受益，他们提供的官方发展援助平均捐款已达到国民生产总值的 5%。但关于这一数据，阿拉伯联合酋长国坚持认为，其捐款占国民生产总值的 16%。[②] 另外，除比

---

① 　参见 UN, *Declaration on the Establishment of a New International Eco-nomic Order*, GA Resolution 3201（S-VI）, 1 May 1974。

② 　参见 Stoke, *The UN and Development*, 178, note 57。

例不平衡的问题，随着一些发展中国家债务的不断增加，人们对援助水平的担忧迅速发酵，这一趋势在 20 世纪 80 年代变得更加严重。

第二个发展十年与第一个发展十年的发展目标有很大的不同。第一个发展十年是美国出于冷战时期的竞争需要和巩固其在发展中国家影响力的考量，通过所有地区的多边渠道促成经济现代化方案的实施，而提出第二个发展十年主要原因来自占联合国多数的发展中国家对全球经济平衡愈发强烈的需求。基于对联合国大会影响力的考量，美国对第二个十年的兴趣较之前要小得多。因此，美国官方发展援助占国民生产总值的百分比从 1970 年的 0.32% 下降到 1980 年的 0.27% 和 1981 年的 0.19%，仅为 1960 年援助水平的 1/3，几乎低于其他所有提供援助的国家。当然在第二个发展十年目标中，联合国也取得了一些实质性的进展，包括：贸发会议就促进一些发展中国家出口的普遍优惠制度达成一致；国际货币基金组织巩固基金设施和信托基金，以优惠贷款支持低收入国家；设立联合国跨国企业中心，制定跨国公司行为准则；创立主要由阿拉伯国家资助的国际农业发展基金以推动全球农业的发展。

1981 年，联合国组织了第一次最不发达国家会议，制定了一项实质性的新行动纲领，使最不发达国家成为优先援助的对象和更优惠贸易政策的受益者。进而，在 20 世纪 80 年代，联合国继续推进第三个发展十年目标。七十七国集团将之视为南北对话的渠道。1980 年，在联合国特别会议上，着力推动建立新国际经济秩序谈判和第三个发展十年战略。这一战略在发达国家中引发了分歧，虽然由北欧国家组成的集团准备接受官方发展援助的目标，但其他国家却选择更为保守的立场。同年 12 月，联合国大会通过第三个发展十年战略，并于 1981 年 1 月 1 日开始实施。在其他方面，新战略比旧战略显得更加雄心勃勃。例如，对发展中国家来说，总体增长目标从 6% 提高到 7%；农业仍然保持在 4%；为制造业制定了高达 9% 的增长率，包括设定了到 2000 年占全球工业 25% 份额的利马目标；出口和进口的增长率分别设定为 7.5% 和 8%。在发达国家方面，0.7% 的官方援助目标意味着更大的压力。对情况特殊的国家予以更多关注，包括最不发达国家、受进口石油价格和债务"最严重影响"的国家、小岛屿发展中国家和内陆国家等等。

然而，从第三个发展十年的第一年起，一些发达国家的态度对国际合作产生不利影响。1981 年 10 月，联合国在墨西哥坎昆召开会议，试图聚集 22 个主要国家，以推动南北对话向前发展为会议目的。这次会议是源于西德前总理威利·勃兰特（Willy Brandt）的提议，他主导的国际发展问题独立委员会于 1980 年发布了一份报告，其中包括提出通过援助和其他形式向发展中国家转移资源，以推进新国际经济秩序形成这一新议程。他提议设立一个由全体成员组成的新的世界发展基金会，以补充布雷顿森林体系崩溃后的资源缺口。① 这种全球凯恩斯主义的做法，在低增长时期反映了联合国贸发会议关于南北相互依存的观点：北方资源的缺乏将有助于刺激南方对其出口的需求。然而，当时全球两位最有话语权的参会者——美国总统罗纳德·里根和英国首相玛格丽特·撒切尔对南北对话持怀疑态度，坚决反对资源转移，并反对削弱布雷顿森林体系的影响，会议致使新国际经济秩序时代陷入停滞。尽管其影响力在当时已大为减小，勃兰特委员会与其他委员会仍然一直坚持运营，并在 1983 年完成了第二份报告。

---

① 参见 Independent Commission on International Development Issues, *North-South: A Programme for Survival*, London: Pan Books, 1980。

最后，20世纪80年代经济增长远低于前几十年的水平，第三个发展十年的成就也远远低于预期。但这并没有阻止（部分原因是官僚惰性）联合国坚持第四个发展十年，并于1990年底正式宣布。[①]这期间，冷战走向结束，新的国际合作精神应运而生，随着军费支出大幅下降，人们开始大谈发展的和平红利。然而，从1992年起，主要捐助国的官方发展援助却呈现出相反的趋势，大幅下降了30%。第四个发展十年成为联合国发展的最后一个十年计划。从20世纪80年代开始，全球经济议程的主阵地已经从联合国转移到世界银行和国际货币基金组织。伴随着世界银行结构的不断调整，银行业将资金限制用于发展优先事项。客户经济体的财务偿付能力对于维持两个机构的贷款计划至关重要，因此这两个机构在宪法上被禁止注销债务。联合国在早期一直是全球经济治理问题的审议中心，但之后再未重新获得领导全球经济讨论的主动权，甚至主持贸易辩论的中心地位也开始转移。1995年，世界贸易组织接替关贸总协定，成为一个更具包容性的机构，并将自身经济地位明确置于联合国发展系统之外。

第三节　人类发展报告及目标（1991—1999）

正如前文所述，一些主要的联合国机构是在20世纪40年代召开的一系列会议之后建立起来的，同时也是各个国家充分表达自身利益诉求、互相博弈制衡的重要场所。因此，自20世纪50年代起，联

---

① 参见王文:《联合国四个发展十年战略评析》,《国际论坛》2001年第3期。

合国将会议作为讨论、研究新兴全球问题的主要渠道。借助会议在制定联合国议程和促进全球发展目标中发挥的重要作用，为非政府组织（Non-Governmental Organization，简称 NGO）的"第三联合国"进入主要会议并担当重要角色作前期筹备，甚至还同时辅之举行民间社会活动。

这些联合国会议最初是根据联合国大会或联合国经济及社会理事会的决议召开的，需要认真准备，并合理预估额外预算以保证会议的顺利进行，会议不仅面向联合国成员国，联合国的部分职能机构、公民社会的民间机构以及一些个人也会参与其中，这一机制在一定程度上拓宽了联合国决议的思路，体现了联合国会议的时效性和针对性。

长期以来，联合国将人权问题留给联合国人权事务高级专员办事处及联合国大会第三委员会，而这一相似性也反映在关于联合国的南北政治问题上。"发展"一直被视为发展中国家的主要利益，而其发展程度却取决于发达国家的资金援助规模。因此，人权的自由程度亦取决于发达国家的兴趣大小，夸张地说，发达国家是《世界宣言》的主要灵感来源。关于"发展"的问题，南北双方的理解存在着较大的差异，而"发展权"这一定义在联合国内部也存在歧义。对发展中国家而言，发展权强调了发达国家提供资源的义务；对发达国家而言，则意味着政府资助给贫穷人口的各项权利的限度。

自 20 世纪 50 年代以来，联合国会议中共有 6 次关于"权利"的会议（见表 4—1）：2 次关于人权，4 次关于种族主义。除此之外的会议都是关于"发展"的主题，包括后来提倡的可持续发展。几乎每一次会议结束前，其声明中都会写入人权和发展这二者不可分割的核心思想，突出对人权地位和可持续发展的重视。另外，第二次联合国人权会议在

《维也纳宣言和行动纲领》中也指出："民主、发展、尊重人权和基本自由是相互依存和相互加强的。"① 关于社会发展，1995 年社会发展问题世界首脑会议通过的《哥本哈根社会发展问题宣言》声称："如果没有和平与安全，或不尊重人权和基本自由，亦无从实现社会发展与社会正义。关于人权自由的问题，早在 50 年前，在《联合国宪章》中就明确提出二者是互相依存的关系，此后这种关系变得更加牢固。"两次世界人权大会，第一次于 1968 年在德黑兰举行，第二次于 1993 年在维也纳举行。然而两次会议都遇到了组织和议程方面的问题，并引发了激烈的辩论。不过，他们仍然制定了有助于维护人权的程序，有力保障了全球人权事业的发展。

从这两次会议及其结果中，联合国获得了丰富的经验。在此基础上，他们确认和更新了 1948 年《世界人权宣言》的原则，继而作出了一些实质性的措施，如任命一名高级专员对原则进行维护和践行，并在此之后建立更有效的人权保护机制。2006 年，人权理事会（Human Rights Council，简称 HRC）取代了无效的联合国人权委员会，并由此产生了一个强有力的监测机制——普遍定期审查（Universal Periodic Review，简称 UPR）机制。

---

① UN, GA solution 3201 (S-VI) and 3202 (S-VI), New York: UN, 1 May 1974.

表4—1　联合国主要会议 ①

年代	年份	会议
2010s（8）	2016	人类住区3，人道主义救济
	2015	气候变化，可持续发展目标，发展筹资3
	2012	可持续发展4
	2011	最不发达国家4
	2010	千年发展目标3
2000s（16）	2009	种族主义4
	2008	发展筹资2
	2005	千年发展目标2，信息社会2，妇女5（北京+10）
	2004	小岛国2
	2003	信息社会1
	2002	发展筹资1，可持续发展3，老龄化2，儿童2
	2001	最不发展国家3，HIV/AIDS，种族主义3
	2000	千年首脑会议——千年发展目标1，教育2
1990s（12）	1996	粮食2，人类住区2
	1995	妇女4，社会发展
	1994	人口5，小岛国1
	1993	人权2
	1992	可持续发展2，营养
	1990	教育1，儿童1，最不发达国家2
1980s（7）	1985	妇女3
	1984	人口4

---

① 参见 UN, GA resolution 3201（S-VI）and 3202（S-VI）, New York: UN，1 May 1974。

续表

年代	年份	会议
1980s（7）	1983	种族主义 2
	1982	老龄化 1
	1981	小岛国 1，可再生能源
	1980	妇女 2
1970s（10）	1979	科学与技术
	1978	初级卫生保健，种族主义 1
	1977	水，沙漠化
	1976	人类住区 1
	1975	妇女 1
	1974	粮食，人口 3
	1972	可持续发展
1960s（2）	1968	人权 1
	1965	人口 2
1950s（1）	1954	人口 1

　　普遍定期审查是联合国系统内部独一无二的监测机制，它要求每个成员国定期（通常为四年）审查其人权保护执行情况。每个成员国要接受工作组的同行审查，而工作组是从人权委员会（HRC）的47个成员国代表中随机抽取三个成员构成的。国家报告由独立专家提供的信息和人权小组（也被称为"其他利益攸关方"）的报告作为补充，除了投入独立审查外，非政府组织委员会还可以参加工作组，并在理事会会议讨论相关"成果报告"时发言。每个成员国负责执行其成果报告的建议，并说明相应的遵守情况。从其发展轨迹来看，联合国通过不断完善会议

和宣言，稳步朝着一系列具体的目标发展。但就目前而言，仍然存在着一些问题尚未得到很好的解决，例如尚未建立有效的监测和问责机制。

在联合国"发展"会议的演变进程中，人口问题与发展问题的联系日益紧密。1974 年，由联合国人口委员会部分发达国家提出召开布加勒斯特第三次会议，反映了他们对人口增长阻碍经济增长和发展的担忧。同时，1974 年也被称为世界人口年，这是官方政策命名中最突出的一个。人口会议随后陆续召开，但辩论的主旨发生了变化。1984 年，发展中国家在墨西哥会议上积极支持人口政策。作为人口数量众多的中国和印度先后制定了人口控制计划，这一计划使得两个国家的生育率在10 年内迅速下降。1994 年，在联合国行动纲领中，大部分内容涉及生殖权利与健康问题，这些内容备受妇女非政府组织委员会的支持，极大鼓励了妇女非政府组织委员会的发展。然而，这一权利问题也引起了热烈的争议，以至于生殖健康问题在《千年宣言》和千年发展目标中未得到应有的重视。

到了 20 世纪 70、80 年代，联合国的其他会议开始关注包括环境和自然资源、人类住区、粮食、妇女、初级卫生保健、科学与技术和最不发达国家等问题，并且详尽地列出了成员国的义务，其中充满了鼓励性的劝诫描述。但这些目标几乎没有规定具体的完成时限。1974 年，新成立的孟加拉国发生毁灭性的粮食短缺问题，并在这一时期，世界粮食首脑会议举行。时任美国国务卿亨利·艾尔弗雷德·基辛格（Henry Alfrd Kissinger）提出"在十年内，任何儿童都不应该饿着肚子睡觉"①。随即，1978 年世界卫生组织和儿童基金会召开初级卫生保健会议，在

---

① Stoke，*The UN and Development*，p.195.

会议上确立了一个新的目标，即"提高各地的卫生标准"。1979年，世界卫生大会在此基础上批准全球卫生战略，其中一部分是20世纪末要达到的"说明性"目标，包括设立普遍安全的饮用水和卫生设施、对所有儿童进行传染病免疫接种等。

虽然以上只是20世纪80年代联合国会议的初步设想，但随后，在1990年召开的两次会议取得了实质性的进步。第一次会议是1990年5月在泰国宗迪恩召开的世界全民教育会议。这次会议是由联合国教科文组织、联合国儿童基金会、联合国开发规划署和世界银行四个机构以小组为单位精心筹备的。小组起草了《全民教育世界宣言》，其中包含满足基本学习需要的行动框架。该框架为后续会议指明了目标和指标，特别是在普及初等教育方面，提出了到2000年成人文盲率下降一半的目标。6个月后，联合国儿童基金会在纽约组织了儿童峰会，批准了《儿童生存、保护和发展宣言》和《1990年代实施宣言的行动计划》。[①] 这些文件根据联合国儿童基金会的经验进行编制，其中包括迄今为止联合国可测量目标和指标的最完整列表，以及2000年要达到的目标：进一步降低5岁以下儿童死亡率；降低产妇死亡率；改善5岁以下儿童严重和中度营养不良的状况；普及安全饮用水和排泄物处理的卫生手段；普及基础教育和完成初等教育；降低成人文盲率等。与健康有关的目标将持续跟踪和监测，同时疫苗等关键技术的应用也得到了各类国际组织和非国家行为体的支持，特别是联合国儿童基金会的帮助。这直接催生了健康方面可持续发展的结果，如对疾病的永久免疫等。

20世纪80年代初，联合国儿童基金会通过了关于儿童生存和发展

[①] 参见 United Nations dictionary: *Action Plan for the Implementation of the Declaration in the 1990*, Document A/RES/66/288, June 2010, paras.237, 247。

革命的提议，采取普遍适用于每个儿童发展状况的措施来降低儿童死亡率。这些措施有：扩大对 6 种预防疾病的免疫接种；推广口服补液治疗腹泻的相关知识并应用于医疗领域；鼓励母乳喂养，改善新生儿和幼儿的营养；监测生长情况，以确保 5 岁以下儿童得到充分的营养和照顾。

到 20 世纪 80 年代末，在发展中国家 5 岁以下的儿童约 80%能够接受免疫接种；口服补液和生长监测得到广泛实施；母乳喂养率上升；儿童死亡率平均每年减少 300 万。在这些成就的基础上，世界卫生组织和联合国儿童基金会在儿童问题世界首脑会议上进一步制定了 20 世纪90 年代的新目标。

这一实践为实现联合国制定的各类目标提供了宝贵的经验。联合国各机构通过支持国家行动、动员各类民间社会行动、各国政府组织行动以及监测世界各地的实时变化等方式来领导工作。长期的目标必须落实于具体的行动和充分的时间准备。而某个国家的短期目标可能是在多方力量影响下实现的。哥伦比亚、土耳其和中国是 20 世纪 80 年代中期推行并扩大儿童免疫的典范，联合国儿童基金会广泛报告了这些国家的做法及其成果，激励其他地方效仿，最终约一百个国家实施了相关行动。

最初，世界卫生组织制定了对每个儿童进行 6 种抗原 100%免疫接种的目标，然而这个目标在任何国家都没有实现。在联合国儿童基金会的压力下，原定 6 种抗原的免疫接种目标降到每种 80%的覆盖率，并对每项使用率进行单独测算。可喜的是，到 1990 年，已有 70 多个国家（包括发展中国家）实现了这一目标。截至 2021 年，防控儿童疾病的工作取得了巨大进步，世界卫生组织已根除天花（1980 年实现）和脊髓灰质炎（与全球根除脊髓灰质炎倡议合作），并结合明确的目标、强有力的宣传、科学的监测和全面的部署开展疫苗接种运动。随后两个全球卫生基金运动相续诞生——"全球艾滋病、结核病和疟疾基金"（全球基金）和"全球疫苗和免疫联盟"。

联合国教科文组织和儿童基金会也开始监测各国在实现人的个体自由及全面发展的情况，例如全民教育、儿童峰会目标等。儿童基金会在1990年9月会议之后取得了巨大的成就，两个月后在联合国大会上就《儿童权利公约》达成了协议，并将之作为每个成员国广泛开展儿童工作的规范。

20世纪90年代，联合国其他会议重申了联合国对相同或类似目标的承诺。然而，这些会议尚未提出重点发展问题，例如可持续性。1992年在里约举行地球首脑会议，这次会议向人们拉响环境问题的警钟，产生了一个长达350页的文件，被称为《21世纪议程》。

综上所述，我们可以看到，这些联合国会议对全球可持续发展理论进行了深入的阐述，扩大了其在全球范围内的影响力，并使其发展轨迹逐渐适应了全球的实践思潮。

第四节　千年发展目标（2000—2015）

2000年9月，联合国主办了有史以来规模最大的国家元首和政府首脑会议。此次会议共有189个国家代表在联合国千年峰会上讨论并通过了《千年宣言》。宣言以发展与消除极端贫困为中心，承诺在2015年之前实现在1990年的基础上减少极端贫困和饥饿的情况；普及小学教育；促进性别平等和提高妇女权利；降低儿童死亡率；改善产妇保健；支持与艾滋病、疟疾和其他疾病作斗争；确保环境的可持续能力和推动全球合作伙伴关系等8项目标，即千年发展目标。千年发展目标为每个方面确定了具体的衡量指标，如8个大目标下设21项具体目标和60项官方指标，其中包括从1990年至2015年，日收入低于1.25美元的人口比例减半；5岁以下儿童的死亡率降低2/3；产妇死亡率降低3/4；缺失安全饮用水和基本卫生设施的人口比例减半；遏制艾滋病的蔓延趋势等。此次峰会比以往召开的联合国会议更重要、成效更大、影响也更深远。因此，我们在这里将千年首脑会议和千年发展目标作为独立的部分进行阐述。

在召开千年首脑会议之前，联合国对部分议题进行了充分的前期准备。2000年3月，时任联合国秘书长的安南代表联合国发表了题为《我们人民——联合国在21世纪中的角色》的报告。此份报告由国际专家小组所撰写。报告采取了更全面、更直观的方法，回顾了国际发展目标和联合国早期会议的其他指标，并在此基础上重新制定了1990年（基准年）至2015年（目标年）25年间的目标，这些目标被写入《千年宣言》。① 随后在2000年12月中旬，联合国大会通过了关于执行宣言的义务性决议，呼吁加强国际合作以实现各项目标。大部分世界领导人也纷纷表示，将会为未来发展制定蓝图。许多国家也根据宣言制定了各国的行动计划。

在英国和其他欧洲捐助者的支持下，千年发展目标发展突飞猛进。2002年在墨西哥蒙特雷举行第一次发展筹资会议，此次会议达成了一项被称为《蒙特雷共识》的"重大协议"。实质上，发展中国家将继续努力实现前7个千年发展目标，而发达国家已经实现了第8个目标。文件指出："我们认识到，发展筹资与国际发展目标有关，其中包括《千

---

① 参见 UN, *Millennium Declaration* (Resolution A/55/L.2), 8 September 2000。

年宣言》中关于评估发展的转变和发展优先事项的相关指标界定。"①

从 1992—1997 年，发展援助委员会的官方发展援助逐渐下降，到 1997 年开始出现回升，并在 21 世纪的第一个十年持续回升。对千年发展目标有高度热情的传统捐助者推动援助计划集中于卫生指标（MDG4、5 和 6），在这一领域，外部援助发挥了重大的作用。然而，许多额外的官方发展援助并没有直接流入联合国发展系统。2000 年全球基金、全球疫苗与免疫联盟成立，虽然二者都是联合国发起的，但它们却将大量的官方发展援助资源向外转移，而非内部利用。接着全球基金通过开发计划署和一些卫生系统尚未完善的国家来担任执行机构，以统筹联合国其他组织对部分资源的重新分配。

在实践中，联合国仅关注和引导基金方案以及世界卫生组织，但忽视对其他专门机构的关注，而这些机构对联合国大会享有同等的主导权。因此，这种不明智的行为，导致了千年发展目标议程的片面性。为求执行千年发展目标时阻力较小，千年发展目标仅包括前几次联合国会议中争议最小的目标而并非焦点问题。然而，由于联合国各专门机构倾向于对自己的管理机构作出回应，而不是对联合国大会作出响应，导致各机构对会议的参与程度低，无法形成有效的会议结论。但在之后的会议进程中，受相关报告的影响，它们作出积极的回应和改变，并提升了参与程度。

2005 年，联合国在纽约又举行了一次首脑会议，其目的是回顾千年发展目标制定 5 年来的进展。在这次首脑会议召开之前，一些职能机

---

① UN, *Monterrey Consensus on Financing for Development*, Report of the International Conference on Financing for Development, Monterrey, Mexico（Document A/CONF . 198/11），18-22 March 2002, Chapter 1, resolution 1, annex, para.71.

构和高级别研究小组已经评估了千年发展目标的发展，并作出关于"威胁、挑战和变化"的报告，这些报告为本次首脑会议提供积极的借鉴意义。会议全面探讨了 5 年来千年发展目标的实施情况，最后形成大会报告《大自由：实现人人共享的发展、安全和人权》，这一报告成为相关领域的先驱。

出席此次首脑会议的国家元首和政府首脑的人数多于 2000 年的首脑会议，成果文件是一份更全面、内容更丰富的联合国声明。会议还发起并成立了新的人权委员会，并设立了一个建设和平委员会和基金机构，以支持那些受冲突影响的国家的和平事业，帮助各国平稳渡过冲突。

联合国秘书处后来编写了一份关于千年发展目标的 5 年进展报告，该报告将各个国家分为 10 个不同的区域小组，并为实现每一个目标制订详细的计划。一些工作组还编写千年发展目标监测报告，并对 5 年进展报告进行补充。2010 年和 2015 年他们还为纽约高级别会议编制了千年发展目标的 5 年进展报告。2015 年，报告显示，在全球实现目标方面联合国已取得了实质性进展。在原先确定的前 7 个目标中，已经达成许多主要目标。但也存在例外，如目标 3 关于教育的性别平等，许多国家仍然难以达到。然而，最贫穷国家的官方发展援助记录和贸易、债务状况有所改善。同时，根据全球 10 个（后来为 9 个）区域国家小组的千年发展目标进展情况，我们可以发现这些子区域的结果高度分化。1990—2015 年期间，中国凭借其明显改善的指标和占据绝对优势的规模成为实现千年发展目标方面成效最大的发展中国家，且在此期间，中国及印度的表现也为全球贫困现状的改善作出了重大贡献。全球发展状况的改善一部分要归因于 1990—2007 年全球大部分国家和地区 GDP 的持续健康增长。同时全球贸易的扩张速度超过了 GDP，从 2003 年起，发展中国家受益于商品价格的大幅上涨，呈现出经济繁荣的趋势。这些成就可归因于全球基金、全球疫苗和疫苗联盟大幅增加了对卫生系统的官方发展援助。

作为世界上最大的私人发展基金，比尔和梅林达·盖茨基金会通过全球基金会和全球基金、全球疫苗和疫苗联盟（以及 WHO）向健康领域投入了大量援助，并称千年发展目标是"我所见过的把世界聚焦于与全球贫困斗争的最好主意"——比尔·盖茨如是称赞千年发展目标，认为它们有具体的目标，能即时反馈成果，从而有助于克服公众的怀疑。他的观点亦代表了千年发展目标众多支持者的观点，表明了公众对于千年发展目标的认可。

但也存在一些质疑的声音，有人认为，千年发展目标非常狭隘地选定发展成果，而没有同时关注发展成功的内在因素。因此，无论取得何种进展，千年发展目标都无法深刻认识到系统内部许多国家仍然存在的不平等，且这些是无法彻底解决的问题。另外，鉴于在许多发展中国家收集数据的范围难以把控，很难保证收集到有针对性、指导性的目标和相关指标。因此，即使千年发展目标的确立具有里程碑式的意义，但作为进展指南仍然存在巨大的不足。特别是气候变化和环境管理，这些问题在 25 年时间跨度里日益受到关注，但理论不够完备，亟待填补相关空白，相关机构已着手并试图在下一阶段完善相关内容。

迄今为止，关于联合国最持久的目标设立工作也在国际会议上逐步推行。2012 年，恰逢联合国开始关注 2015 年以后发展议程之际，里约热内卢再次成为地球首脑会议的主办城市，这是联合国主持的第四次此类会议。会议呼吁制定"一套可持续发展目标"，该目标"应以平衡的方式正视和处理可持续发展的 3 个方面及其相互联系。它们应与 2015年以后的联合国发展议程保持一致并被纳入其中，从而有助于实现可持续发展，并作为联合国系统整体实施和普及可持续发展的推动者。"它们应"以行动为导向，简明扼要，易于沟通，数量有限，有抱负，具有全球性，普遍适用于所有国家，同时考虑到不同的国家现实、能力和发展水平，尊重国家自身的政策和优先事项"①。会议结束后，联合国秘书长任命了 3 名在职政府首脑担任关于 2015 年后发展议程的高级别知名人士小组主席，同时小组由 23 名其他国家的代表组成。专家组报告了第二年的情况，提出了 5 大支柱和原则（"变革性转变"）：不让任何一个人落后；以可持续发展为核心；转变以经济增长为唯一关注焦点，以就业和包容性增长为目的；建立和平、高效、开放、负责的机构；建立新的全球伙伴关系。会议成果文件的载入和专家组的敦促均是以千年发展目标为基础的另外 2 项关键原则，根据这些原则再制定普遍适用于所有国家的目标。小组还提出了 12 个"说明性"目标和具体目标，前 6项和第 12 项目标与千年发展目标相似；但其他 5 项更具独创性，涵盖能源、就业与经济增长、自然资源可持续性、治理与体制以及稳定与和平。除了这 12 个目标外，另有 54 个目标，以上所有目标都要求在2030 年之前实现。

在这个关键时刻，联合国也走了一条类似于千年发展目标的道路：要求设定反映以往会议目标的标准，并以专家报告的形式提出一份分析蓝图。这是一份"第一联合国"的报告，而不是"第二联合国"的报告。该报告与 2000 年和 2005 年的宣言一起将成为新目标的基础。

---

① UN, *The Future We Want*, Outcome document of the UN Conference on Sustainable Development（Document A/RES/66/288）, June 2012, paras.246, 247.

小组提出了 2 项重要原则：必须建立和加强千年发展目标，新目标要普遍应用。① 然而，这一程序经历了一个更为漫长的过程，这一过程显示了联合国表面的光鲜亮丽和背后的效率低下。在高级别小组形成报告之前，联合国大会决定于 2013 年 1 月成立一个"开放工作组"（Open Working Group，简称 OWG）以制定 2015 年后的最终目标，工作组由 2 名成员国驻联合国总部大使主持。该工作组由 30 名成员组成，但成员和工作时间进程都不设限制，要求工作组在 2 年时间内完成 2015 年后的最终目标。在这 2 年内，工作组成员可以听取民间社会代表和相关联合国发展组织的意见。在这一过程中，工作组与不同区域、国家及个人的磋商和讨论，为联合国制定 2030 年可持续发展议程提供了新的思路。

这一进程历时整整 2 年，主要是因为"第一联合国"代表决定从第一原则开始探讨，在很大程度上忽视了高级别小组的报告和前几次首脑会议形成的共识，并且该进程还缺乏来自"第二联合国"的战略指导，最终导致整体进程拖延。

随着联合国秘书处在纽约或其他地方的影响力减弱。2014 年 12 月，联合国秘书处意识到实行新议程的难度，随后发布了一份综合实施报告。该报告建议将最初规划的 17 个目标重新总结归类为 6 个目标：尊严、人民、地球、繁荣、正义和合作伙伴。同时，报告还回顾了里约会议上关于限制目标数量、"以行动为导向"的指令。2015 年 6 月，千年发展目标因"几乎无法实现和无法监控"的评估结论，而被可持续发展

① 参见 J. H. Bisbee, J. R. Hollyer, B. P. Rosendorff, et al., *The Millennium Development Goals and Education: Accountability and Substitution in Global Assessment*, International Organization, Vol.73, No.3, 2019。

目标取代。然而，在客观反思的基础上，联合国认识到，讨论的时间越长，管理的情况就越复杂，方案的可接受度就越低。

除了不切实际和重复低效的因素之外，可持续发展目标还存在一个根本性的问题，可以回顾前一章的分析。联合国秘书处的发展工作主要集中在联合国经济和社会事务部，正如其名称所表明的，经济和社会事务部传统上采取两个维度，即"经济与社会的方法"。里约会议之后，增加了环境的内容，构成了"可持续发展的三个维度"。鉴于联合国的组织结构，这一技术性和以部门为基础的发展概念在秘书处内部是独立的，即它没有充分考虑到最重要的发展动力，其中包括和平与稳定、开放、有效和包容性的制度，政府的透明度和问责制，无腐败，尊重法治和人权。可以说，联合国的三维体系存在许多缺失。正如一位评论员所说，"估计搞错了"。如果联合国借鉴其最恰当、最原始又能反映联合国的价值观和原则的人类发展模式，那么可持续发展目标将集中在完全不同的三个维度上：人类需求（包括 MDG）、人类安全（包括和平、人身安全、环境稳定和粮食安全）和人权（包括《联合国宪章》第 66 章"人人享有的基本自由"）。在发达国家的坚持下，可持续发展目标被列入第 16 个目标，即"促进和平、包容的社会实现可持续发展，人人享有司法公正，在各级建立有效、负责和包容的制度"。这一目标有助于把基本政治内容加入到可持续发展目标中。但该决议最明显的缺陷是关于人权的措辞。正如联合国前人权事务高级专员所说："当严重侵犯人权的行为在全世界范围内仍然普遍存在时，改善人权状况是不可能实现的。"

虽然发展目标明确指出了应对气候变化的必要性，但这 17 个目标并没有提及移民问题、人道主义危机、恐怖主义、宗教排他性、网络安全、资本外逃和财务管理不善等内容。这些问题与发展不可分离，其改善与否事关发展的好坏。以至于可以说，这个发展目标是不完整的，因为它忽视或边缘化部分关键性因素。最终引发了后续的一系列相关会议及谈判回合，我们将在下面讨论。

后来，联合国于 2015 年 7 月在亚的斯亚贝巴主办了第三次发展筹资会议。这次会议不像联合国的其他会议，没有陷入南北援助的旧事重提中，只是继续强调了援助的重要性，并认为援助只是筹资的一个来源。会议提出，从国内公共资金和私人融资入手来推进发展的方式。这一举措引起了人们的广泛关注。此次会议的成果文件被称为《亚的斯亚贝巴行动议程》（Addis Ababa Action Agenda，简称 AAAA），在一定程度上填补了可持续发展目标的空白。

2015 年 9 月，可持续发展目标正式获得联合国可持续发展首脑会议批准，并形成了《2030 年可持续发展议程》。可持续发展目标"将努力实现人人享有人权"[①]，尽管目标本身并未说明如何实现。它采用头韵五重法，5 个字母"P"开头的关键词与早期的综合报告相呼应：人（People）、地球（Planet）、繁荣（Prosperity）、和平（Peace）和伙伴关系（Partnership）（正义已删除）。然而，报告最重要的主体同样是 17 个可持续发展目标和 169 个子目标。2015 年联合国大会通过了里约首脑会议的建议，在联合国大会和经济及社会理事会主持下设立一个高级别政治论坛，该论坛"将在监督全球层面的后续行动和审查方面发挥核心作用"。而成员国政府"将在国家、区域和全球各层面，对涉及未来 15 年内实现可持续发展目标取得进展的后续行动和审查中负有主要责任"。这与强调人权的普遍定期审查相差甚远，后者反映了民众对成员国政府

---

① 魏彦强、李新、高峰等：《联合国 2030 年可持续发展目标框架及中国应对策略》，《地球科学进展》2018 年第 10 期。

遵守其相应国际义务的看法，而这无疑更切实可行。因此，在 2015 年《千年发展目标报告》前言中，联合国秘书长潘基文将千年发展目标背后的全球动员描述为：有史以来最成功的反贫困运动。

截至目前，千年发展目标成功帮助超过 10 亿人摆脱了极端贫困和饥饿，还促成了新型的创新型伙伴关系，展示了这一宏伟目标的巨大价值。千年发展目标通过以人为本、把人的需求放在了首位。因此，我们可以说千年发展目标改变了发达国家和发展中国家的决策，为下一阶段的可持续发展夯实了基础。

第五节　可持续发展目标（2015—2030）

在千年发展目标即将到期之际，2012 年联合国可持续发展大会正式制定 2015 年后可持续发展议程。2012 年，联合国大会决定成立联合国可持续发展目标工作组。该工作组 2014 年 7 月向联合国大会提交一份包括 17 个子文件的可持续发展目标建议报告。2014 年 12 月，联合国秘书长潘基文提交一份关于 2015 年后发展议程讨论的综合报告，为各国政府展开议程谈判提供了基础。2015 年 8 月，联合国 193 个会员国就 2015 年后发展议程达成一致。9 月 1 日，联合国大会通过决议，决定将 2015 年后发展议程正式提请联合国发展峰会审议。9 月 25 日，联合国发展峰会在纽约联合国总部开幕，并正式通过了 2015 年后发展议程。

联合国 2015 发展峰会是继 2000 年千年首脑会议之后，国际发展领域规模最大、级别最高、影响最为深远的一次会议。峰会通过了 2015

年后发展议程,指导未来 15 年世界各国发展和国际合作。这次会议在三个方面具有重大意义。一是为各国发展指引方向,勾画了未来 15 年国际发展的合作蓝图。峰会顺利通过了 2015 年后发展议程,推动各国继续高举和平与发展的旗帜,共同走可持续发展道路。它根据全球发展的新形势和新需要,"将可持续发展作为指导各国发展和国际发展合作的主要方向"。二是强化全球发展伙伴关系,建立新的全球发展合作架构。新议程力图消除贫困、保护地球,通过构建全球伙伴关系,建立一个和平、公正、包容的社会,让所有人共享繁荣。三是推动各国加强交流与合作,共同完善国际发展格局。峰会提出"加强宏观经济的政策协调,共同完善全球经济治理,增加发展中国家的代表性和话语权;推动将发展问题纳入全球经济、金融、贸易机制和多边框架内,创造有利的发展环境,为世界经济持续、稳定增长提供保障"。

联合国 2015 年后发展议程实现了对千年发展目标的继承和升级,旨在完成尚未完成的目标,并在此基础上进一步探讨增长的潜力与可能的发展方向,其最终文件《变革我们的世界——2030 年可持续发展议程》[①] 包含上文所述的 17 个相互关联的可持续发展目标。本节接下来将对 2015—2030 年可持续发展目标的发展定义作出阐释。在气候变化领域,表 4—2 列举了联合国 3 次重要的气候变化协议,基于联合国这一多边政府间国际组织,各会员国通过《蒙特利尔议定书》《京都议定书》《巴黎协定》,逐步达成了控制大气污染物与温室气体排放、控制气候变化的共识。联合国通过了《蒙特利尔议定书》,并在帮助减少

---

① 参见魏彦强、李新、高峰等:《联合国 2030 年可持续发展目标框架及中国应对策略》,《地球科学进展》2018 年第 10 期。

臭氧耗损方面取得了显著的成效。[1] 通过有效的科学测量、转换氟利昂的商业影响和筹资等方式，克服了困难。然而，在应对温室气体排放这样更大的危机时，因为牵涉到各国，特别是各发达国家和发展中国家排放份额的问题，就不可避免地存在各种冲突。直到 2015 年，联合国才开始制定目标和指标，但这些目标和指标最初是自定和自愿的。鉴于排放监测的复杂性以及出现各种全球变暖的证据，预计联合国将采用新的绿色气候基金，通过提供财政激励的方式缩小国家自定的排放目标。

表 4—2　三次重要的气候变化协议

年份	文件	缔约国	目标
1987	《蒙特利尔议定书》	190 国	逐步杜绝五种氟氯烃的生产和消费
2005	《京都议定书》	183 国	"第一承诺期"将温室气体减排至 1990 年的 95％水平；"第二承诺期"减排至 1990 年的 82％水平
2015	《巴黎协定》	188 国	全球温度上升不超过 2℃，2050 年全球净零排放

实际上自 20 世纪 70 年代开始，环境学家就开始担心大气层中臭氧层的受侵蚀状况。1977 年，联合国环境规划署召开专家会议，设立了一个委员会，负责研究臭氧耗损的情况，并定期组织报告。1981 年，环境规划署治理理事会批准了政府间谈判，并于 1985 年制定《保护臭氧层维也纳公约》。该公约要求成员国采取"适当"行动保护臭氧层。同年，南极洲上空出现"臭氧洞"，这加速了谈判进程，2 年后签订了

---

[1]　参见曹坳程、王秋霞、李园等：《中国溴甲烷行业履行〈关于消耗臭氧层物质的蒙特利尔议定书〉的成效》，《农药市场信息》2019 年第 10 期。

《蒙特利尔议定书》[①]。该议定书要求各缔约方在1986年的水平上冻结五种氟氯烃的消费，到1994年减少20%，到1999年减少50%。消费水平较低的发展中国家获得了某些豁免，但随后生物多样性大会缔约方会议逐步收紧限制。尽管最初许多发达国家和发展中国家（其中一些是氟氯化碳的生产国）都抵制此次决议，但一系列关于臭氧耗损的后续报道，使各国采取共同措施联合应对。在世界银行、联合国环境规划署、联合国开发计划署和联合国工业发展组织4个机构的协助下，联合国设立多边基金，以协助发展中国家履行国际义务。该基金由14个成员国代表组成执行委员会，其中来自发达国家和发展中国家的委员各7名，委员权力均等。委员会执行监督职能，并有责任和义务批准和执行机构的工作计划。例如在该基金的帮助下，《蒙特利尔议定书》执行进展顺利，对国家行为产生了巨大的影响。到2010年，危害臭氧层的生产和消费方式均被逐步淘汰。该议定书被联合国前秘书长科菲·安南称为"可能是迄今最成功的国际环境协定"。

2016年10月在卢旺达举行的一次会议上，190个国家同意对《蒙特利尔议定书》作出修正，从2019年开始逐步淘汰氢氟碳化合物，其中富裕国家的淘汰速度更快（立即削减10%），贫穷国家的淘汰速度较慢。《蒙特利尔议定书》最突出的因素是商业利益和生态利益的一致性：即帮助各国及其企业在转变中看到好处。同样的基本原理不适用于减少碳排放，因为要减缓和扭转全球变暖，必须限制碳排放。也有一些发展中国家表示反对，他们认为不应因发达国家以前的排放罪而受到惩罚。

[①] 参见 P. Dawes, A. Pye, *Protocol for the Development of Versions of the Montreal Cognitive Assessment（MOCA）for People with Hearing or Vision Impairment*, BMJ open, Vol.9, No.3, 2019。

同理，制定碳排放减少的相关指标可以仿效以上治理思路和模式。

　　就像生物多样性大会一样，联合国气候变化框架公约缔约方会议的年度会议也在监督协议的遵守情况。联合环境规划署和世界气象组织共同合作成立政府间气候变化专门委员会。通过评估气候危机等级的图形报告，进而提高了这一进程的紧迫性。《京都议定书》于 2005 年生效，在 2008—2012 年的"第一承诺期"期间，37 个工业化国家和欧洲共同体（没有美国，它没有批准该协定）同意将温室气体排放量比 1990 年的水平平均减少 5%。2012 年，在多哈举行的第 18 次缔约方会议上，缔约方同意在 2013—2020 年的"第二承诺期"将温室气体排放量比 1990 年的平均水平缩减至少 18%。

　　《京都议定书》建立了测量碳排放量和其他温室气体排放量的监测制度，除了美国，发展中国家也在"共同但有区别的责任"原则下免于减排。但是由于部分排放国都是发展中国家，导致这一原则的适应性差。因此，2015 年 12 月，在巴黎举行第 21 次缔约方会议上，许多发达国家和发展中国家达成一项有意义的新协议以取代《京都议定书》。美国和中国都给予强烈的支持。与《京都议定书》相比，《巴黎协定》包括全球温度目标和具体目标：达到排放峰值的国家要尽量控制全球温度上升幅度不超过 2℃，2050 年后全球净零排放。[①] 协议普遍适用于所有国家，这些国家有义务编制国家自定贡献（Nationally Determined Contributions，简称 NDCs）机制，每 5 年修订一次，并采取"旨在实现这一贡献目标的国内缓解措施"。在巴黎，188 个国家作出了承诺，

────────────

① 参见 D. Carfi, A. Donato, D. Schiliro, *Coopetitive Solutions of Environmental Agreements for the Global Economy after COP21 in Paris*, Journal of Environmental Management, Vol.249, 2019。

该协定严格要求各国进行减排。这种新的全球协定方法，允许个别国家制定适合国情的目标，使联合国系统有责任计算和报告总体行动的适当性。巴黎协定虽然不是一个结果，但它是一个有前途的行动路线。只有满足一定的基本条件，才能成功扭转全球变暖的局面。在大量国家批准之后，缔约方必须遵守协议内容。但就目前而言，仍面临巨大的挑战，即目前的承诺不足以实现防止全球温度上升幅度超过2℃的目标，各国必须加快推动温室气体的减排。

但其成就也是显而易见的，几十年来通过无数次意义深远的反复争论，联合国终于制定了一套各国政府可以取之即用的目标。这些目标与之前设定的目标相似。因为在此之前，大部分主要捐助者都致力于支持千年发展目标。然而，到2015年，发展中国家仍然对千年发展目标知之甚少，因此对其内涵的继承和重申有待完善，以实现对可持续发展的推陈出新。

在不同时期，可持续发展内在目标大多都是高度抽象的，急需被细化和实践。鉴于此，各国制定并采用了国家关切的更具体措施，如入学率和识字率。这些目标由国家制定，比基准值提高一个百分比左右。

基于千年发展目标指标的经验，可持续发展目标的17个目标和169个具体目标的内在指标既可以在时间上进行纵向比较，也可以在国家间进行横向比较。但目前无论是哪个发展目标都需要考虑到国家地位间的平衡和互动，这能为可持续发展创造更好的条件和平台。

在综合考虑各方关系的前提下，联合国完成了迄今为止拖延最久的目标设定工作，包括可持续发展、各个下属组织的职权、资金筹集的渠道等，同时纳入许多环境目标以及一些新的经济目标。"可持续发展"目标的制定使千年发展目标得到了有效的扩展，抛开意识形态的角色，联合国发展系统的任务是努力实施可持续发展目标。[①] 可以说，联合国通过各种方式有效地整合了世界各国的力量，有力地推动了可持续发展进程。而这一目标的推行，既是对之前"四个十年"发展目标以及"千年发展"目标的继承，也是在其基础上的凝练和升华，它不仅对其内部发展系统及其目标进行了合理的规划和针对性的调整，更是为全球背景下联合国设定的发展道路开阔了视野、适应了现实需要，从而充分发挥了联合国在全球发展进程中的先导力量。

---

① 参见魏彦强、李新、高峰等：《联合国 2030 年可持续发展目标框架及中国应对策略》，《地球科学进展》2018 年第 10 期。

第五章　联合国发展系统功能实现的
　　　　有效方式

第一节　促成可持续援助

官方发展援助是一个重要概念，它在某种意义上确保了国际社会理解发展援助的一致性，是评估官方资金流向发展中国家的重要标准。[①]

自第二次世界大战结束以来的 70 多年间，许多可持续发展参数发生了根本性的变化。特别是从 20 世纪 60 年代开始，世界地缘政治的格局有了明显的变化，整个世界被两个不同的轴线划分为北方和南方、东方和西方。沿着南北方向，将越来越多的新独立国家称为发展中国家，其较多位于南方，北方则多数是较富裕的发达国家，这种南北方向的划分是比较明确的。在东西方向上，国家的划分则比较模糊，一般而言，西方都是实行资本主义制度的发达国家，东方则是实行社会主义制度的共产党执政的发展中国家，但是东西方之间还存在一些比较模糊的国家，如阿根廷、南非、泰国等。

---

① 参见 T. Voituriez, T. Giordano, N. Bakkour, et al., *Financing the Post-2015 Sustainable Development Agenda*, New Dhli: TERI, 2015, p.180。

在这种时代背景的制约下，联合国对可持续发展的支持主要体现在提供一定的援助上。但是在最开始的实施过程中，联合国发现"西北"资本主义发达国家对"西南"后进资本主义国家更慷慨，"东北"国家（主要是苏联）则对"东南"社会主义国家更慷慨，这种带有明显意识形态特点的援助具有较大的局限性。这种情况一直持续到了1949 年，时任美国总统的哈里·S.杜鲁门提出了由技术援助计划发展到官方发展援助（Official Development Assistance，简称 ODA）再到技术援助（Technical Assistance，简称 TA）项目增长所带动的发展道路。这一政策摒弃了发展援助的意识形态性，使所有发展中国家都能从中受益。

在联合国成立的最初几十年里，联合国始终认为一个国家不发达等同于该国家经济落后，其他方面落后与否不作为衡量的依据。根据这一标准，联合国将资源更多地投放到发展中国家的经济发展领域，希望能够帮助一些发展中国家，促其经济得到增长并使其赶上发达国家。这一逻辑反映在联合国目标制定的第一阶段，即以增长和官方发展援助目标为中心的阶段，这也导致一些国家的经济发展迟滞在一定程度上，但同时，这种迟滞又被归咎于联合国平台的援助不足。

到 20 世纪的最后 10 年，原本的发展观念被全新的可持续发展理念所取代。这 10 年中又伴随着资本主义的胜利和苏联历史的终结，东西方意识形态的差别性缩小，再加上一些原本的发展中国家在经济和社会发展水平方面赶上并超过北方的一些国家，南北方向上的差别也在逐渐衰弱。但是，几十年来长期接受联合国援助并且得到援助数量最多的国家仍然在全球发展排名中处于较低的位置，而原本较少依赖官方发展援助的国家却实现了经济的飞跃式进步，并成功跻身发达经济集团之中。①比如，如今的二十国集团（G20）成员国中，有一半曾被认定为"发展中国家"，这足以证明官方发展援助与经济增长和国家发展之间没有密切的关联，这一事实推翻了原先的发展假设，特别是推翻了通过提供援助就能够帮助有关国家尽快发展进步这一设想。

这种援助模式的破灭对联合国发展援助的模式产生了深远的影响。在20世纪90年代以来的这段时间里，来自南方国家（原来的一些欠发达国家）的捐助变得更加突出，进一步模糊了发达国家和发展中国家之间的传统区别。新的捐助者变得越来越重要，同时出现了新的援助机制，例如卫生和环境方面的垂直基金。随着全球市场的扩大及人员、货物和资本更自由地流动，发展中国家可以利用许多额外的资源来满足自己的发展需求。现在流向发展中国家的私人资本远多于来自官方的援助，据不完全统计，仅汇款额一项就比官方发展援助高3倍。

这些变化和调整不可避免地对现在甚至未来的联合国发展援助产生重大影响。毕竟伴随着意识形态竞争的减弱，传统发达国家捐助者背离了多边主义的道路，再加上替代发展资源的来源日益增多（如资金或技术援助等），进一步降低了联合国发展援助的相对重要性。但是，随着全球经济一体化的发展，发达国家和发展中国家在更多的可持续发展问题上具有越来越多共同的利益。

因此，有专家提出了超越原本的援助概念的可持续发展支持计划。首先，联合国开始逐渐厘清援助与增长之间显然没有必然的联系。根据全球几十年的发展经验来看，长期缺乏发展进展可归因于其他因素，援助甚至可能有害于当地的发展。正如诺贝尔经济学奖得主安格斯·迪

---

① 参见黄超：《2030年可持续发展议程框架下官方发展援助的变革》，《国际展望》2016年第2期。

顿（Angus Deaton）所言：“当发展条件具备时，就不需要援助……当本地条件不利于发展时，援助是无用的，如果援助延续这些条件，就会造成损害。”达隆·阿西莫格鲁（Daron Acemoglu）和詹姆斯·A. 罗宾逊（James A.Robinson）也详述了这些矛盾的情况，他们认为：作为在世界各地消除贫困的一种方式，对外援助是西方政府、联合国等国际组织和各种不同类型的非政府组织推荐的最受欢迎的政策之一。当然，外援失败的循环会随着时间的推移而不断重复，富裕的西方发达国家应该提供大量“发展援助”，以解决撒哈拉以南非洲、加勒比海、中美洲和南亚的贫困问题，这种想法是基于对贫困原因的错误理解。一个国家之所以贫穷，是由他们固有制度的缺陷造成的——这种制度导致缺乏财产权，没有法律、秩序和运转良好的法律体系。同样的体制问题意味着，外国援助无论规模再大都是无效的，因为外援将被掠夺，而且不太可能被应用到其应该被送去的地方。①

　　这其中，资源的“掠夺”是指在许多国家普遍存在的高度腐败所导致的社会财富分配不均。但是，在联合国先前的援助过程中并未把这种情况纳入全盘进行考虑，这也导致类似情况接连不断地发生，严重影响了发展援助作用的实现。但即便如此，一些负责官方发展援助的联合国业务项目组仍然坚持认为，援助项目并非出于政治考虑，而是基于人道主义的考量。这一逻辑基础构成了联合国开发计划署的组织逻辑，这种逻辑是由调动资金以开展更多技术性项目的强烈愿望驱动的，对个别国家的发展记录很少有任何客观的判断。然而，复杂的政治环境在许多发展中国家普遍存在。

---

　　①　参见 D. Acemoglu and J. A. Robinson, *Why Nations Fail: The Origins of Power, Prosperity and Poverty*, London: Profile Books, 2012, pp.452–453。

虽然联合国一直在监督千年发展目标的实现过程，但联合国及其下属组织更专注于本机构的项目成果（如研究报告、分析评价等）的质量，而不是千年发展目标对各成员国发展的影响。由于联合国各组织不审查各国的实施情况，因此，联合国的相关研究和分析报告及其项目评价并没有综合考虑政治条件，也没能客观描述各个成员国家的具体表现。例如，作为其民主治理方案的一部分，联合国开发计划署的旗舰活动之一是监督选举，即使国际观察员记录了选举过程和结果以及其中的作弊情况，但它从不报告舞弊结果，"民主"一词名存实亡。

虽然提供援助与可持续发展的联系比较微弱，但并非所有援助都是无效的。在某些情况下，总会有适合发展援助条件的环境，在一个国家的领导专制但又致力于发展的地方，在腐败受到限制的地方，即使其制度依然脆弱或发展尚处于萌芽阶段，援助也能到达预定的目的地。例如，联合国对卢旺达的援助就是一个很好的例子。此外，在领导权力薄弱或几乎不存在危机的时期，援助也能帮助国家恢复稳定。要恢复处于自然灾害或人为灾害中的国家的发展，就需要人道主义的援助，发展援助能够为国家的恢复而助力，并助其建立可持续发展的和平环境。在这种情况下，联合国所提供的援助会起到关键的作用。然而，正如有些专家学者所认为的那样，如果继续坚持原有援助原则的话，那些宝贵的援助资金就只能向那些容易发生战争或者冲突的国家进行倾斜。因此，如果想要更好地发挥联合国在可持续发展上的作用，就必须改变原有的援助模式。

同样，作为一种发展资源，官方发展援助的比例下降，特别是联合国主要援助的比例下降，使联合国不得不改变原有的援助模式。据统计，在总数达60个的受援助国家中，联合国在2013年提供了不到

10%的官方发展援助。在为数不多的官方援助比例中，还存在着资金的来源和利用的问题，这一问题在联合国《2030 年可持续发展议程》中被着重提出，结合本书所立足的"可持续发展趋势"，其中所提及的官方援助变革的必要性以及影响力无疑都对联合国可持续发展进程起着举足轻重的作用。

首先，资金的来源是需要被严格定义和管控的，而要管控其来源和之后的再分配，就无可避免地要了解官方发展援助的内在特点。官方发展援助包括三个特征：第一，由官方机构提供；第二，以推进发展中国家的经济发展和社会福利为主要目标；第三，主要是无偿赠与，除此之外，每笔贷款的条件必须是优惠性的，贷款中的赠与成分至少占 25%。官方发展援助的这三个特征界定了其内涵和外延。第一个特征将其明确与其他推进发展中国家发展的资金（如私人资金等）区分开来。第二个特征强调了官方发展援助直接的经济发展目标，从而明确将军事援助、反恐活动以及其他间接推进发展的援助，如与商品贸易相关的各类价格支持措施和贸易补贴等，排除在官方发展援助范畴之外。第三个特征明确了官方发展援助的财政条件，除强调无偿赠与外，贷款必须是优惠性的，其中的赠与成分不少于 25%。这就将官方发展援助与其他用于发展目的但赠与成分不足 25% 的官方资金形式相区分，如出口信贷等。[①] 在此基础上，结合联合国制定的"四个十年"发展战略以及"千年宣言"等实用性理论指导，官方援助的实际效用需要被放到实际层面来予以考量和管理。然而，近年来借助这一援助手段的国家需要更为全面、有力的多方援助，联合国所能提供的援助不仅有限且面临着变革和分化的趋势。

---

① 参见黄超：《2030 年可持续发展议程框架下官方发展援助的变革》，《国际展望》2016 年第 2 期。

其中，全球背景下不乏对于官方发展援助定义及实践的质疑，存在着对于其援助范畴的争论，无法确认其客观范围因而无法着手进行实际行动。综合多方声音，其中最为突出的现实问题，即官方援助的理想化标准和实际性成效相差甚远，这也是各国忧虑的焦点。近几年来，发达国家的援助比例持续走低，2013年更是创造了仅占国民总收入0.3%的"最低成绩"，远远不及联合国0.7%的目标。

关于援助来源的忧虑短期内无法消减，官方援助中资金的管控亦存在着一定的局限和压力。获得官方援助后，资金的取用范围逐年扩大，对援助的数量和规模亦提出了新的要求，因而必将在援助需求上对受援国逐渐施压。这些援助需求具体包括：与消除贫困和饥饿、改善保健和教育、提供负担得起的能源和促进性别平等有关的基本需求；国家可持续发展投资的融资需求，如基础设施、农村发展、适应和应对气候变化的能力发展和能源所需投资；全球公共产品，包括保护全球环境、对抗气候变化及其影响以及其他领域的需求。当然，对这些需求加以量化既复杂也不准确，但毋庸置疑的是，所需资金的数量将会非常庞大。可持续发展融资政府间专家委员会就肯定了这一点，并估计用于消除全球所有国家极端贫困的费用大致为每年660亿美元，每年对水、农业、电信、电力、交通、建筑、工业和林业部门等基础设施的投资需求估计为5万亿—7万亿美元之间。① 资金的多用途、多需求是对其量化定位的高局限。要坚持可持续发展进程的有效循环必须提前充分地考量官方援助的运行动力，并辅之以实际的催化和推动工作。

目标及其伴随的任务是发展的内在动力，单一、多变且分配不均的

---

① 参见黄超：《从千年目标走向可持续发展》，《文汇报》2015年9月27日。

援助体系及其内在养分早已枯竭，亟待更新。因此联合国要走出原有的模式，改变对官方援助的理解并拓宽其援助来源，结合可持续发展所确定的 17 个努力方向给予可持续发展援助，将更多的资金投放在能够切实地帮助到各个国家可持续发展进程的领域上。

第二节　衡量国家绩效

多年来，联合国更多的是通过发表偏重理论性的宣言来推动促进可持续发展，而非通过有效的实际行动议程。例如，20 世纪 90 年代，联合国召开的几次全球性会议制定了可衡量的目标，进而开始更有效地监督并将这些目标投入实践，这直接促成了千年发展目标。继而，体现可持续发展目标的 2030 年新议程翻开了联合国发展进程的新篇章，该议程认为："不再局限于对全球权力失衡的理解，而是基于更清晰的证据和结论，对国家间关系的利害及其内在因素有了更好的理解"。

在此过程中，必须充分认识到一点——只有更多地将精力放在对各个国家绩效的观测和平衡的环节，才能让联合国不断萎缩的权力体系勉强平衡，从而更好地践行相应的发展理念。例如，利用普遍定期审查这一模式进行监督发展进程和衡量国家绩效，并在此基础上加以调整并扩展到发展领域，最终扩及千年发展目标的范围。① 毕竟在 17 个目标中，11 个包含"可持续"一词，它可以被理解为与自然资源管理有关，而不是指体制的复原力、减少对援助的依赖或其他相关的发展内涵。《可

---

① 参见邢爱芬、李一行：《论人权普遍定期审议机制的补充性及我国的应对》，《法学杂志》2015 年第 8 期。

持续发展目标》决议中有 169 段描述了各项目标，指出"每个国家采纳每一项目标都是完全不切实际的""如何实现可持续发展可能会变得更加困难"，可以看出许多目标定义不明确，且存在过于理想化的情况，由此联合国统计委员会从 2016 年初开始确定可衡量的指标，并提出了一份不少于 221 项指标的扩大清单。不过，其中一些指标被认为"具有政治敏感性"，一些政府以"国家主权"为由拒绝了选定的指标，他们更倾向于自己选择国家统计数据。因此，指标的最终选择一直延续到 2017 年，各国政府在此基础上衡量他们的价值，进而确定它们的优选项目并作出选择。

联合国多边主义的价值观和原则使联合国成为能召集不同发展目标但利益攸关的多方值得信赖的伙伴的平台。除了联合国开发计划署可向各国政府提供初步的支持外，联合国还必须提醒非政府组织、学术界和私营部门等组织关注可持续发展目标，因为目标的实施和监督一定涉及许多不同的利益攸关方。在达成《2030 年新议程》协议之前，联合国开发计划署就其内容进行了多次国家协商会。为了更广泛地宣传可持续发展目标，联合国开发计划署提供了更为丰富的磋商机会和平台。

《2030 年可持续发展议程》的提出，强调了各方的共同协作对于互相监督、互惠互利的积极作用。这一趋势主要体现在官方援助筹资来源的多元化上，长期以来以美国等西方发达国家为主导的资金体系几乎垄断了官方援助的供给，成为多方援助、多边援助、双边发展的主要来源，主导着联合国可持续发展的进度和效果。但随着 2030 年议程的提出以及之后的新十年发展计划的制定，大国垄断的局面逐步被打破，官方援助的来源逐渐呈现出多元化的趋势。21 世纪以来，经济合作与发展组织的发展援助委员会（Development Assistance Committee,

简称 DAC）之外的官方发展援助提供者逐渐增加，如中国、印度、巴西、欧盟新成员国、沙特、土耳其等。2008 年全球金融危机后，这些国家在国际发展领域的影响力进一步增强。据统计，发展援助委员会成员国提供的官方援助在国际发展援助中仍占主导地位，但所占份额却逐年下降，从 20 世纪 90 年代末的 88.61% 下降到 2008 年的 78.57%，下降了 10 个百分点。而非发展援助委员会的发展伙伴特别是新兴援助国所提供的发展援助比重则明显上升。据统计，非传统援助国的援助额在 2009 年为 170 亿美元，在 3 年时间内翻了两番，占全球援助量的 10%。尽管数字并不令人吃惊，但已从事实上打破了传统援助国的垄断，引起了关注。① 因此，在当前瞬息万变的国际关系和局势下，随着不断演变的国际体系和国际格局，国家间绩效的衡量也不再遵从传统的、单一的标准，而是需要用更为开放、多元的眼光去衡量和监督。

联合国在指导监督进程方面承担责任，并提出了一份基本的目标和指标清单，但它并没有指出亚的斯亚贝巴行动议程——其旨在实现可持续发展目标的"执行手段"——应该如何与目标相结合，这是其中较为突出的局限。可持续发展目标可以在更规范的结构中被适当地塑造，包含更明确的人类发展的三个主要维度，给予《亚的斯亚贝巴行动议程》的单个目标充分的强调和关注。特别是目标 16："为可持续发展促进和平和包容的社会，为所有人提供诉诸司法的机会，并建立各级有效、负责任和包容的体制。"这就需要对不同国家和地区的相应机制进行实时评估和监督，才能使各国充分认识到国家间利益的相关性，从而协调多方同步发展。

---

① 参见 G.Chin, F. Quadir, *Introduction: Rising States*, *Rising Donors and the Global Aid Regime*, Cambridge Review of International Affairs, Vol.25, No.4, 2012, pp.493–506。

那么，如何监督它们？可持续发展目标决议明确指出，监督和审查将由各国政府负责，但它要求建立一个"强有力的、自愿的、有效的、参与式的、透明和一体化的后续和框架审查"。这就要求进一步具体审查"对所有人开放、包容、参与式的、透明的和一体化的审查程序，并将支持所有相关参与方的报告……"和"以人为本、尊重人权，特别是关注最贫穷、最脆弱的群体或个体"等指导方针。这些指导方针很重要，应被视作联合国鼓励各国监督审查的基础。所有会员国将在作为高级别政治论坛的经社理事会年度审查进程中轮流报告自身可持续发展目标，并接受监督和审查。这一进程正在被稳步推进，在2016年可持续发展目标第一届会议上，22个国家提交了各自的计划。在未来几年里，联合国开发计划署在审查进程中的作用应是确保非政府组织和其他非国家行为者充分参与到编写国家报告中来，最好使报告细化到他们参与各理事会的讨论，这亦符合可持续发展目标决议的精神。为实现这一目标，在国家层面上，联合国开发计划署应该利用自身职能召集多方势力，确保不同利益的代表参与进程的检查，而检测的内容最好可以囊括人类发展的各个方面，这些理念也更有利于建造一个由"我们，各民族"支持的"议事程序"所构建的"第三联合国"体系。

国家间利益冲突不均是无可避免的，但绝不能因其内在绩效的强弱而区别待遇，联合国作为这样一个客观的组织者、评价者需要在多方复杂的利益角逐中时刻摆正自己的立场，在注重实际利益的同时深入思考内在的局限性和片面性，坚持用协调平衡及可持续发展理念处理好多方利益关系，在全面发展的主要思路中不断设立鼓励机制及监管机制，以确保各方势力的和谐与共赢。

第三节　开发计划署的作用

联合国开发计划署大致有 4 种不同的职能。一个是业务职能，主要由独立的项目组成，这些项目旨在协助在国家能力发展大框架下的体制建设、政策咨询和其他技术服务等。然而，除官方机构外，也有许多其他的多边和双边机构可以提供相关服务，而且越来越多的高收入和中等收入国家更偏向于考虑私人来源为其提供资金，这为官方机构的监管提出了挑战。这种形势之下，联合国开发计划署仍然在一些最脆弱和最贫穷的国家提供业务支持，但实际上它们也应该开始转变思路——即大幅减少官方技术援助项目，利用官方发展组织或私营部门组织向各国提供技术援助，从而帮助各地区、国家实现可持续发展的任务。总之，联合国仍可继续发挥作用，比如帮助或鼓励各国在每一个目标中制定优先事项，制定行动计划和监督进展等，但不再是以"事必躬亲"的形式去透支本就紧张的联合国人力和财力资源。

除业务职能外，联合国开发计划署的其他 3 项职能可称为"概念职能"：全球政策和公约；技术标准和规范；研究、数据和信息。[1] 其中联合国开发计划署要在未来产生影响，就需要集中履行其独有的职能。虽然有些国家并不遵从这些规范，但是联合国的最大优势就是在全球范围内形成了具有一定约束力的普遍规范，在无形中塑造了不同类型国家的偏好与行为。目前用于联合国可持续发展行动的某些条约仍被广泛推行，且联合国仍在持续获得各方对条约、公约和规范活动的支持；联合

---

[1]　参见李锟先：《新时期联合国开发计划署在我国发展援助体系中的作用》，《国际经济合作》2015 年第 3 期。

国还帮助一些国家起草国家立法并协助其实施。鉴于联合国的主要影响力是基于道义规范层面、以国际法的形式为主来规范各个行为体这一事实，联合国需要更加努力地提高全球政府和公众对各国遵守其规范和公约情况的认识，并建立严格的监督机制，否则这些国际规范和公约便是一纸空文。仅举一例，《联合国反腐败公约》（United Nations Convention against Corruption，UNCAC）是旨在解决发展中最核心问题的一个重要的法律文件。① 虽然其协议本身是一个里程碑，但由于审查和后续行动极度不足，导致其迄今为止仍未产生实质影响。但不可否认的是该公约仍旧发挥了深刻的理论启示作用。

《联合国反腐败公约》于 2003 年达成，当时，联合国秘书长科菲·安南表示："这份新的法律文件能够对全世界千千万万人的生活质量产生真正的影响。并通过消除发展中的一个最大障碍，它能帮助我们实现千年发展目标。"联合国毒品和犯罪问题办公室是《联合国反腐败公约》的监护者，共计 169 个国家批准了《联合国反腐败公约》。2009 年，该公约各参与方又在原有基础上建立了审查机制，在某种程度上，这种审查机制有些类似于普遍定期检查制，即在同等地位的审查国家的协助下，定期准备国家报告。从后来的实践看，虽然审查机制的某些方面运作良好，但截至 2013 年，只有数量极有限的国家报告得以公布。同时，《联合国反腐败公约》也逐渐显露出其自身无法忽略的局限性，例如其中关于管理所界定的条约理论上不够明晰，实际上也缺乏足够的技术支持其实施。此外，《联合国反腐败公约》还规定非政府组织作为观察员参加实施情况审查组，但由于某些政府的反对，到目前为止，这一规定

---

① 参见张丽华、王硕：《〈联合国反腐败公约〉视角下国际反腐合作机制分析》，《理论探讨》2018 年第 2 期。

也未能得以施行。

在其研究和信息活动中，联合国开发计划署搁置了它所认为的许多不具现实价值的常规报告，并推迟了一些具备深刻现实意义的理论及建议的实现，这使得它自身的监督职能未能得到很好的发挥和呈现。它真正应该侧重的是要拿出同可持续发展目标发展进度有关的、具备实际价值的真实数据，并更深入、更客观地审查成功和失败的各方面原因。另外，联合国的研究成果的获取也是一个问题。联合国开发系统不仅要保障和推动联合国的重要研究，而且还要遏制目前阻碍思路发展的限制和优劣技术的角逐。

最后，要成功地实现联合国开发计划署最胜任的角色，就需要更强有力的领导和更一体化的系统。"一体行动，履行使命"的小组报告的提出，将"一体化"的精神充分阐释，并且运用于联合国可持续发展计划的方方面面。鉴于此，"一体化"的实施并不在于小范围的规范，而在于每个政治权利体系的分层实践和运用。以"自上而下"的观念来看，从制定决策的联合国秘书长下放理念开始，分级的实施逐步被重视，亦随着体系的逐级递减，有区分的实践次序的重要性愈发凸显。虽然秘书长可以召集 30 多个组织的负责人，但联合国开发计划署目前尚未出现具有远见卓识和权威的领导人来驾驭整个系统以通过协调而逐步实现计划的落实。地区级机构同样需要更强有力的领导。联合国驻地协调员（United Nations Resident Coordinator，简称 UNRC）应由秘书长在更资深级别的人员中任命，并独立于联合国开发计划署。他们应具有国家或地区的专业发展知识和在驻在国的相关人脉、背景，并在联合国开发计划署组织的统筹下，有权自由支配资金的使用。系统一体化是整体发展迫切需要的改革，在一体化进程中，标准作业程序应得以普遍应用，以促进全系统的方案整体化的全面推进，同时又能良性地实现不同代际领导型人才的选拔、协作与培养。

第四节　联合国主导作用的体现

当前联合国依然是国际社会最具普遍性、代表性和权威性的政府间国际组织。在实现联合国发展系统作用的过程中，离不开联合国的核心地位和主导作用。只有持续推动联合国进行改革，才能为发展系统提供坚强保障。[①]

第一，推行全面平衡的改革。为适应国际力量对比和国际格局的巨大变化以及为应对国际社会面临的新问题、新挑战、新威胁，联合国需要全面且平衡地推进改革，使联合国的成员系统和发展系统更加民主、高效和强大。联合国的改革设计和方案应围绕如何更好地应对国际社会面对的挑战和威胁而展开，而不能是为了满足和平衡成员国的利益和权力分配而展开。要加强联合国大会的立法、立规、立德功能，围绕发展和治理，盘活、整合和改组现有机构和功能，使其更好地为可持续发展和全球治理服务。例如，托管理事会已不再运作，需要加以改组，重新发挥其作为联合国主要机关之一应有的功能。增加来自发展中国家的一般职员（G 级别）和专业职员（P 级别）的比例，在发展中国家特别是亚太地区增设更多的地区中心和办事处。同时，发挥非政府组织和民间社会的作用，加强人道主义援助和平民保护，与商业团体、地区组织、

---

① 参见张贵洪：《联合国与新型国际关系》，《当代世界与社会主义》2015 年第 5 期。

地方机构等建立"新的联合国全球伙伴关系"，构建联合国与非国家行为体之间更紧密的关系。

第二，完善全球治理体系。以二十国集团和金砖国家为代表的跨地区新兴多边机制和以亚投行、亚信会议为代表的亚洲地区新兴多边机制充满活力，反映了全球和地区治理的客观要求和发展趋势。联合国与二十国集团、金砖国家、亚洲新兴多边机制之间的合作共治、发展共享、秩序共建，可以为多边主义带来新的发展动力，并使全球治理机制更趋合理和完善。比如，联合国大会可以成为二十国集团和非二十国集团的联合国会员国之间加强互动、协调行动的场所和平台。加强二十国集团与联合国的协调合作，有助于加强全球经济治理体系的平衡，有助于世界经济的可持续增长，有助于反映中小国家的合理关切，从而也有助于实现对全球经济的合作共治。同时，作为新兴市场和发展中大国的代表，金砖国家是全球经济增长的新动力。联合国与金砖国家可以共享发展理念、经验和议程。一方面，金砖国家可以借助联合国的机制和平台，加强在全球性问题上的协调配合，提高在全球治理中的地位和影响。特别是贸发会议，作为联合国系统唯一综合处理发展和贸易、投资、金融、技术和可持续发展领域相关问题的核心机构，其在应对发展挑战方面的工作具有独特性和必要性，是金砖国家在联合国可以积极利用并发挥集体影响力的重要机构。另一方面，联合国可以通过金砖国家合作的示范效应，积极推动可持续发展和新时期的南南发展合作。联合国可以利用其全球性、代表性和权威性的优势，发挥其统筹协调的作用，调动以金砖国家为代表的新兴多边机制和变革力量与联合国发展系统、各专门机构、基金和方案的发展资源，并加以整合，推动国际发展合作，提高全球发展治理架构的合法性和有效性。

第三，加强国际法治建设。在以主权国家为主的国际社会中，各种矛盾、纷争和冲突是难免的，从以武力和战争手段变为通过政治和法律途径解决国际争端，以国际法治制约权力政治是人类文明和进步的标志。联合国是运用政治和法律方式协调和处理国际关系的主要平台和机制。联合国一直倡导以公正安全、公平发展作为普遍性的理念和价值，以法治规范国家行为、约束国家权力、平衡国家利益，旨在推动国际关系的法治化。2012 年 9 月，第 67 届联合国大会专门召开国际法治高级别会议，会议通过的宣言指出，"法治是各国间友好平等关系的基石"。特别是促进会员国普遍参与和履约是联合国推进国际法治的重大任务。国际法院是联合国的主要司法机关。联合国还建立了内部司法系统以加强自身法治。联合国对会员国提供法律技术援助，特别是帮助发生了冲突后的法治重建。由联合国秘书长保存的 560 多份国际条约文书，涉及人权、裁军、贸易、难民、环境、海洋法等广泛领域的国际法治。此外，还要不断提高国际社会通过法律途径解决国际争端的能力。通过法律解决国际争端是《联合国宪章》规定的和平解决争端的方式和途径之一。作为联合国的主要司法机关，国际法院可以依据国际法对当事国提交的争端作出有法律约束力的判决，即诉讼管辖，并对联合国机关和专门机构提交的法律问题提出没有法律约束力的咨询意见，即咨询管辖。目前，约 70 个国家依照《国际法院规约》承认国际法院的管辖权具有强制性，约 300 项双边或多边条约或公约规定：法院在解决关于这些条约或公约的适用或解释争端方面具有管辖权。国际刑事法院、国际海洋法法庭、世界贸易组织争端解决机制都是独立于联合国的司法实体，都体现了司法管辖在范围和效力上更加专业化的发展趋势。目前国际法院提供的咨询和裁决尚不能满足国际社会的期待和要求，要加强国际法治，联合国应强化以法治为基础的国际秩序，在国际社会中凝聚法治共识，提高国际体系各行为体通过法律方式和途径处理和解决国际争端的能力。

综上，联合国发展系统的实现本身就是个多维多元、动态平衡的进程。进入"新千年"以来，联合国发展系统的功能调整更具灵活性，也兼具实效性。目前联合国发展系统的功能分支出现大刀阔斧的改革的可能性不大，因为相对分工已然成型。当然，未来几十年随着国际体系可能出现的重大变革，联合国发展系统也不排除会出现较大调整的可能。

第六章　联合国发展系统改革方向

第一节　联合国发展系统改革的背景

联合国改革问题不是冷战结束后才开始出现的，早在 1945 年联合国大会诞生之日起，其组织改革的问题就始终存在。许多中小国家强烈反对直接给予安理会五个常任理事国最终否决权的决定，他们认为联合国大会没有足够的政治权利，安理会会员国太少，不能充分地代表弱小国家的根本利益。1963 年 12 月，第 18 届联合国大会审议并表决通过了关于继续扩大安理会成员国的规模和代表数量的决议。1965 年 8 月 31 日，安理会会员国从成立时的 11 个增加到 15 个，在冷战格局下，除了安理会改革有所进展外，联合国其他领域的改革毫无进展。自冷战结束以来，联合国在维持和平、经济发展及社会进步等各个领域都遇到了各种新问题。联合国本身也发生了一些巨大变化，这都为联合国改革提供了新的契机和新的内容。第一，联合国会员国数量不断增加。2002 年，联合国又接纳东帝汶和瑞士为联合国会员国，使成员国总数由成立时的 51 个，逐渐增加至 193 个。安理会成员数目虽然在 1965 年增加过一次，但是还不能反映联合国目前的情况。在会员国总数不断增加的形势下，安理会成员国占会员国总数的百分比却在持续地下降，1945 年为 21.6%，1965 年为 13%，1994 年降为 8.2%，2002 年更降为 7.9%。在各个成员国中超级大国的兴衰对比发生巨大的变化，一些国家和地区的大国也逐步崛起，目前的局面是超级大国在安理会上的作用日益增强，而其所具有的代表性却越来越小，这样的情况明显是不合理的。第二，冷战时期，被长期掩盖的民族矛盾、种族和宗教冲突、领土争端和一些非传统安全威胁逐渐暴露出来，这些问题严重损害了国际安全与社会和平。20 世纪 90 年代，索马里、卢旺达、波黑、海地等多个国家都出现了严重的国内政治和军事冲突，联合国维和任务开始出现干涉一个国家内部事务的倾向。在中东地区，巴以冲突和阿以矛盾已经持续了半个多世纪，这本质上就是一个集民族和种族矛盾、宗教冲突、领土纠纷于一身的复杂政治问题，至今还没有缓解的迹象。恐怖主义在冷战结束以来越来越猖獗，成为世界和平的主要威胁者和国际社会的公敌。贫困与落后不断困扰着发展中国家，与发达国家之间的贫富差距不断加大。一些发展中国家政局不稳，内乱不断，使联合国很难有效应对这些国家的安全问题。第三，美国的单边主义外交政策加剧了安理会内部的分裂，使联合国在处理国际事务上被美国边缘化。美国不顾其他主要军事大国的反对，执意研究和开发新型导弹航空防御系统，拒绝批准国际性条约，如《全面禁止核试验条约》和关于控制全球气候变暖的《京都议定书》等；同时，在对伊拉克的问题上，美国批评联合国政策过于软弱，在没有获得安理会正式授权的情况下，对伊拉克发动了战争，创下了超级大国使用武力推翻他国政权的先例。联合国如何面对由美国主导的国际政治格局，并处理好与各大国的关系，这也将是改革过程中面临的重大难题。

第二节　联合国机构改革

冷战结束以来，要求联合国进行改革的呼声越来越高。首先是广大会员国，特别是发展中国家强烈要求联合国改革，使其更好地适应21世纪的新挑战；其次则迫于美国"不改革就不交会费"的政治压力；最后，联合国秘书长直接促成改革。

在冷战末期，联合国就已经面临着严重的财政危机，联合国机构臃肿、效率低下。联合国秘书长德奎利亚尔在1987—1990年期间进行了机构、人事和预算程序3个方面的改革，但是这些措施效果并不明显。1991年12月，新任秘书长加利在联合国大会上任后发表重要讲话时表示，要将联合国改革成为一个在新的世界秩序中顺利发挥作用的、更加有效的、更精干的国际组织。他首先把秘书处的12个主要职能部门和办公室合并加以重新整合，裁减了14个助理秘书长以上的高级职位，把决策程序集中在8个副秘书长管辖的7个主要事务职能部门，包括法律事务厅、新闻部、行政和管理事务部，以及新设的政治事务部、维护和平行动部、经济和社会发展部和人道主义事务部。①1997年1月，安南任秘书长后便宣布成立一个"改革行动小组"和一个内阁式的行政机

---

① 参见 United Nations Secretary-General，*"Implementation of General Assembly Resolution 71/243 on the Quadrennial Comprehensive Policy Review of Operational Activities for Development of the United Nations System（QCPR）: 2018,"* January 9，2018，p.6，https://www.un.org/ecosoc/sites/www.un.org.ecosoc/files/files/en/qcpr/2018-sg-report-adv.pdf。

构，任命一位改革执行员立即与长期拖欠会费的美国进行讨论。同年7月，安南提出了《革新联合国：改革方案》的报告，这是一份巨大的一揽子改革方案，共79条，包括秘书处、联合国大会、经社理事会，联合国财政等。11月12日，第52届联合国大会经表决一致通过了一揽子改革方案中的第一批29条措施，使联合国改革迈出了实质性一步。这29条措施中比较重要的有：将庞大的秘书处整合为和平与安全、经社事务、发展合作、人道主义事务和人权5个核心部门；设立常务副秘书长职位，以加强对秘书处的管理和协调；将几个重叠的军控部门合并为裁军事务部；将3个经社领域的部门合并为发展部等。这是联合国52年历史上全体会员国首次进行大规模改革，具有"里程碑意义"。2000年9月5日，第55届联合国大会，即联合国"千年大会"召开，次日，举行了千年首脑会议。联合国秘书长安南发表了一份题名为《21世纪联合国的角色与作用》的报告，以期革新联合国，反思联合国，重塑21世纪的联合国。

在"9·11"恐怖袭击事件发生一周年后，安南秘书长在2002年联合国第57届世界大会上，正式公布了第二轮改革方案。安南称，这次改革不是为了削减预算，而是为了提高联合国的工作效率。他认为联合国应该摒弃那些不相关的活动，努力"做紧要的事"。如更加密切地关注经济全球化对发展的影响，落实千年首脑会议制定的减贫、防治艾滋病以及改善教育状况等发展目标，预防冲突和严厉打击恐怖主义。安南在改革报告中明确提出了36项行动计划，着眼于精简会议和文件、编制更合理的财政预算、改进新闻工作、增加对人员的培训和监管。他表示，自出任联合国秘书长以来，他的最大心愿就是根据新的情况和需要促使联合国成为更加有效率和效应的国际机构。

安南在 1997 年任联合国秘书长后，推出了旨在推动联合国发展系统一体化的大型全球性经济改革发展项目。主要包括：在总部层面，成立联合国发展集团，秘书处增设经济与社会事务部。在国家层面，强化联合国驻地协调员作为秘书长代表和联合国国家工作队领导者的角色，制定服务于方案国的联合国发展援助框架；实施融资机制改革，提倡采用自愿捐款机制扩大资金来源。然而，这次改革并不彻底，也没有取得预期的效果。相反，融资机制改革事实上加剧了各实体间的相互竞争并导致核心资源比重大幅下降。2005 年世界首脑会议后，安南提出"一体行动"（Deliver as One）改革倡议，建立通过"一个领导""一个方案""一个预算""一个办事处"等方式来加强各级政府和部门间的沟通与协调。此后，有 8 个国家自愿试行该办法，并取得了较好的效果。安南提出并实施的一系列改革措施，包括 1997 年以《革新联合国：改革方案》为代表的改革方案、2002 年以《加强联合国：进一步改革纲领》为代表的改革方案，以及 2005 年以《大自由：实现人人共享的发展、安全和人权》为代表的改革方案。除了对秘书处、管理部门实施了机构改革外，安南也提出了对联合国安理会、经济及社会理事会和托管理事会进行改革的设想，正式提出了扩大安理会的改革方案。

2008 年，在潘基文担任联合国秘书长时期，联合国着手实施发展业务活动四年期全面政策审查制度（Quadrennial Comprehensive Policy Review，简称 QCPR）。该制度成为会员国通过联合国大会审查发展系统实体的方式并提供政策指导的主要机制。尽管全面政策审查制度有利于提升发展系统的透明度，但在提升系统协调性方面效果并不明显。一方面，只有部分联合国发展实体参加了这项政策的审查；另一方面，虽然理论上每个实体都必须严格地执行政策审查指令，然而在实际操作中许多实体并没有对其规划或者措施进行相应的调整。①

在潘基文的任期内，安理会改革一直都处在缓慢向前推进的阶段，关于经社理事会的改革也在讨论中，管理、发展、人道主义援助和环境领域都启动了围绕"一个联合国""系统一致性"的改革。在改革方面，潘基文把自己主要的工作精力放在秘书处的各项改革上，主要改革措施包括：不断提升秘书处的工作效率、加强问责制建设与独立监督、审计制度的规范建设，促进各系统的协调一致。潘基文还对"维持和平行动部"和"裁军事务部"进行了调整，潘基文解释称，国际裁军谈判和联合国维和行动近来很少取得"富有价值的成果"，这次改革使秘书长在裁军和核不扩散两个重要领域中发挥更重要的领导作用。2014 年 12 月，经社理事会通过第 2014/14 号决议，发起关于"联合国发展系统的长期定位"的政府间对话，涵盖了政府职能的有效整合、投融资政策行为、治理结构、组织安排等多个重要方面。② 专家组还建议把各个实体委员会合并成立一个完整系统的"可持续发展委员会"，作为联合国在战略上负责管理可持续发展体系和监督其他国际业务行为的主要部门。然而，这一提案却遭到了发达国家、发展中国家的普遍反对。美国认为一个集中化的委员会不能有效地应对监督所需的细节性问题，黎巴嫩等发展中国家则宣布他们缺乏参与常设委员会繁重工作的外交能力。从整体角度分析，由于成员国和联合国之间缺乏足够的信任，尤其是担心联合国自主性增强会侵害国家的主导权，以及联合国系统各机构间存在利益

---

① 参见联合国经社理事会决议，E/RES/2014/14，2014 年 8 月 15 日。

② 参见 António Guterres：*"Remarks to the General Assembly at the Adoption of the Resolution on Repositioning the UN Development System,"* May 31，2018，https://www.un.org/sg/en/content/sg/ speeches/2018-05-31/repositioning-un-development-system-ga-remarks。

矛盾，导致历次改革往往雷声大、雨点小，在改进系统协调性方面效果有限。

从加利、安南到潘基文，联合国改革一直在进行中。那些属于秘书长职权范围内的改革项目进行得相对容易。2004 年美国总审计局发表了一份评估报告，对安南 1997 年和 2002 年实施的改革进行了评估。其结论是，秘书长职权范围内的改革比需要会员国批准的改革完成得更好，完成率达到 70%，需要会员国批准的改革完成率为 44%。安理会扩大问题是最困难的改革问题，涉及《联合国宪章》的修改。

古特雷斯将发展系统改革作为联合国开展以预防为中心的广泛改革的一部分。2017 年 7 月和 12 月，其先后提交《重新定位联合国发展系统以实现〈2030 年议程〉：确保人人享有一个更加美好的未来》和《重新定位联合国发展系统以实现〈2030 年议程〉：我们对实现健康地球上的尊严、繁荣与和平的承诺》等改革报告。驻地协调员系统和供资机制是发展系统改革的重点。本次改革后，驻地协调员与代表联合国开发计划署的各个国家高级代表相互进行分离，成为一个独立的管理体系，也是国家级别的负责联合国各项工作事宜的决策者。在发展业务活动之外，驻地协调员还有机会负责领导联合国的一些人道主义应急行动，并在军事冲突中和战争后负责领导组织并统筹联合国的国家应急工作队与维持和平行动特派团或政治改革特派团，在目前联合国政治改革的诸多议程中，驻地应急协调员系统和单一的政治行动架构，对于彻底有效打破目前联合国的碎片化政治局势至关重要。为了使驻地协调员系统获得充足的资金支持，古特雷斯提出每年向新的驻地协调员系统提供 2.55 亿美元。经过一系列紧张协商谈判后，各个会员国最终就驻地协调员系统的资助方式达成共识。

之后，联合国秘书长古特雷斯就如何为实现可持续发展目标而重新确立联合国的发展体系，向联合国经社理事会提交了报告。报告的核心内容包括：联合国发展系统将要加快向为可持续发展议程服务而转型；更多的是致力于开拓和发展融资；为更有力地推动和支撑各国进行可持续发展，创造新一代的联合国国家工作队；建立健全联合国发展系统问责制。该报告明确指出，2030 年议程是人类最大胆的发展议程，这要求对联合国发展系统实施同样大胆的改革。为此，他在报告中提出了涉及 38 项具体理念与行动的建议。报告指出，联合国的发展系统此前为千年发展目标而设立的服务目标相当狭窄。在面对 2030 年整个可持续发展议程时，联合国的发展系统缺乏必要的科学技能和协调机制，因此我们要继续加速联合国的发展系统改革，实现从千年发展目标向 2030 年议程的过渡。为更好落实 2030 年可持续发展这一议程，联合国发展系统应与公共、私营部门及其他伙伴共同开展全球范围内的广泛合作，打开多种获取资金、专业知识和技术的渠道，大力推动和促进经济社会可持续发展，因此更加迫切地需要专注于发展融资。

报告还提议，要建立新一代的联合国国家工作队，让可持续发展成为驻在国代表的核心任务。目前，联合国国家代表工作队包括 18 个机构，驻在国代表由开发计划署驻在国负责人兼任，他们可使用的工具和资源有限，而且对这些机构和办公室并没有直接的管理权。报告建议消除驻在国代表角色方面的模糊性，使这两个职责脱钩，确保驻在国代表在行使职能时能够更加中立。

2018 年 6 月 1 日，联合国大会经过表决一致通过第 72/279 号全体决议，同意古特雷斯关于联合国发展的改革方案。这一改革被称为"数十年来联合国发展系统最具雄心和最全面的转型"，并认为"奠定了将可持续发展重新置于联合国工作核心的基础"。①2019 年 4 月，经过与会员国的多次磋商，关于资助联合国发展系统的供资契约明确提出，增加核心资源的供给和提高非核心资源的质量。供资契约规定，到 2023 年通过机构间集合基金和特定实体专题基金为发展活动提供的非核心资源的占比应在 2017 年的基数上翻一番，分别达到 10% 和 6%；将多伙伴信托基金办公室托管的"2030 议程联合基金"年度资本从 2018 年的 4300 万美元在 2020 年提升到 2.9 亿美元，"建设和平基金"年度捐款从 2018 年的 1.29 亿美元在 2020 年提升至 5 亿美元。②

第三节　联合国管理模式改革

管理模式改革是联合国改革的基础性工作。改革的总体思路是权力下放和使决策更靠近决策点。在 2017 年 9 月公布的《转变联合国的管理模式：确保人人都有更美好的未来》的报告中，古特雷斯秘书长提出使管理人员有权决定如何以最好的方式使用资源来支持方案交付和执行任务。古特雷斯也向联合国大会递交《有限预算酌处权》和《转变联合国管理模式：改进并精简方案规划和预算编制流程》等一系列审议报告，提出缩短预算周期，并寻求在预算执行期间赋予秘书长更大的资源

---

① 参见联合国大会文件，A/74/73/Add.1-E/2019/14/Add.1，2019 年 4 月 2 日。

② 参见 Inter- Agency Task Force on Financing for Development, *Financing for Development: Progress and Prospects*, New York, United Nations, 2018, p.92；Scott Morris, "*Mapping the Multilateral Concessional Finance Landscape*", Commentary & Analysis, Washington D.C, Centre for Global Development, 2018/09/10. https://www. cgdev.org/blog/mapping-multilateral-concessional-finance-landscape [2018-09-05]。

调配权及提高周转基金额度。2017 年 12 月 24 日，联合国大会通过第72/266 号决议，同意将两年期预算修改为年度预算，规划和预算编制的工作周期从 5 年期修改为 3 年。决议重申第五委员会是联合国大会授权主管行政和预算事项的主要委员会，并强调第五委员会在分析和核准人力及财政资源方面处于核心地位。

第四节　联合国改革与全球治理

一、改革取得的成果

为更好适应全球治理与国际形势发展的迫切需要，联合国进行了一系列改革与创新，并在过去 75 年间取得了一系列历史性的重大成果。一是不断地调整和完善以安理会"五常"为核心的集体安全与大国协调机制，维护了世界的总体和平与稳定。集体安全与大国协调机制是国际社会吸取国际联盟失败和第二次世界大战经验教训的产物，它为主要大国间强化磋商协调、共同管控国际与地区热点、防止大国战争重演提供了重要平台。二是逐步构建了联合国主导下的全球性和多边化发展框架，从第二次世界大战结束到 20 世纪 70 年代，主要目标就是针对第二次世界大战后新独立发展中国家普遍存在和面临的发展困境和难题，着力帮助它们实现经济社会的独立和发展；从 20 世纪 70 年代末至冷战结束，联合国针对各国尤其是发展中国家所遭遇的各种新情况，首次提出了可持续发展的理念，强调了经济、社会要实现协调、共同发展。面对当前国际关系与全球治理的新格局，尤其是发展问题和非传统议题的重要性日益上升，联合国推动并通过《21 世纪议程》《联合国气候变化框架公约》《里约环境与发展宣言》等一系列具有重大历史意义的重要文件，首次明确提出了经济发展、环境资源保护和社会发展是实现可持续发展的三根有力支柱，并在加利与安南两任秘书长的努力下，着手制定全球"千年发展目标"，强调联合国要在发展问题的全球治理框架内扮演"中心角色"；从 21 世纪初至今，针对"千年发展目标"实施及其发展过程的实践经验和教训，联合国积极推动和制定"2015 后发展议程"，其所涉及的领域更加系统、全面，提出了共同捍卫全球粮食安全、资源安全、能源安全、健全各国医疗保障体系等新的发展目标，同时也将其所关注的领域重点从促进各个国家的均衡发展扩展到实现人的全面发展。三是进一步强化人权监督与保护，建立以联合国为核心的国际人权多边治理机制。

二、未来的改革方向

在推进 21 世纪全球治理方面，联合国责无旁贷。为更好履行全球治理使命，联合国必须与时俱进地推进改革。

第一，完善机制，提升联合国在全球治理中的权威性和效率。（1）继续推进机构改革。联合国仍需不断整合优化内部机构和裁撤冗员，实现资源有效利用，缓解机构重复设置、政出多门的难题；不断强化经社理事会等国际组织的领导地位，提升其在经济政治及其他相关国际议题上的政治专业性和独立发言权；进一步强化协调和管理职能，扩大联合国在维和行动、反恐等领域的能力，加大安理会决议具体执行的监督力度。（2）加快联合国财政改革。完善联合国的会费、维和成本等经费系统改革，并探索出一些保障性措施，确保联合国能获得稳定充裕的财力支持。对于以拒绝缴纳会费来要挟联合国按照其意图改革的国家，联合国有必要建立一套相应的处罚机制。（3）稳妥推进安理会改革。安理会改革是联合国改革的焦点和难点，它既直接涉及了整个世界大国权力的重新划分，也涉及重新修改《联合国宪章》的各种复杂问题，尤其是否决权问题牵涉到世界大国的敏感神经。安理会改革牵一发而动全身，我们应该继续通过努力寻求广泛共识，拿出切实可行的解决办法。

　　第二，进一步加强各国间的分工和合作，夯实全球治理的理论基础。主权国家在全球治理中始终扮演着主导角色，是全球治理的基石。从切实维护全球治理的长期性、稳定性出发，联合国大会应积极搭建平台，助推相关各国各司其职、各尽所长、紧密配合。（1）继续加强安理会"五常"的协调沟通合作。（2）团结广大中小国家。除一些发达中小国家积极地参与联合国的国际事务外，大部分发展中、不发达的中小国家都参与得很少。联合国需进一步明确尊重和充分关照中小国家的利益，为其提供更多的经济政策优惠和便利，促进南南合作与南北区域合作，推动全球治理朝着公平、公正的方向健康发展。（3）推进与"西方七国首脑会议"（G7 Summit）、"二十国集团"、"金砖国家"等国家集团的交流合作。

　　第三，深化与地区组织和非政府组织之间的合作，壮大参与全球治理的力量。联合国还亟待与其他地区性组织进一步明确自身分工，构建长效的合作机制，共同推动各地区的和平与繁荣。

　　第四，推进全球热点与非传统议题的治理，增强联合国应对全球治理新挑战的能力。（1）完善以国际金融体系改革为核心的全球经济治理体系。如：国际货币基金组织应充分反映各个会员国的政治经济实力，加快落实份额和治理改革方案，增加其他新兴市场国家和发展中国家的代表性和话语权，限制大国的一票否决权；建立以规则制度为主要依据的汇率管理机制，督促大国承担起自己应尽的责任，在稳健的国际货币结构体系中起到更加公平合理的保障作用。(2) 加快建立更加公平、可持续的国际气候新制度。气候公约和议定书基础上的谈判构筑了 2015 年后国际气候制度的主要框架，联合国应维护气候公约和议定书的主导地位，在坚持共同但有区别责任原则的基础上加大对发展中国家、最不发达国家和南太平洋岛国的气候援助，并敦促美欧等发达国家履行减排责任。(3) 进一步加强网络、海洋、极地等"全球公地"的综合治理，支持推动联合国积极参与网空污染治理并在其中发挥更多的主导作用；联合国应坚持和平利用海洋的理念，建立海上多边安全合作机制、危机预警机制和争端解决机制，积极倡导各国开展多种海上非传统安全合作，建立新型的海上通道互补互通关系。(4) 充分发挥次区域双边经济合作峰会和区域合作机制的经济安全促进作用，通过现行双边和小多边合作机制，以消除贫困、改善民生为抓手，逐步增加发展援助投入，协助相关国家消除滋生非传统安全问题的经济与社会因素，构建良性经济与社会安全环境。

第五节　联合国发展系统改革与世界经济贸易

一、国际货币基金组织的改革

（一）国际货币基金组织的改革背景

自 1991 年国际货币基金组织成立之初，其宗旨就是通过一个常设机构来促进国际货币合作，为国际货币问题的磋商和协作提供方法；通过国际贸易的扩大和平衡发展，把促进和保持成员国的就业、生产资源的发展、实际收入的高低水平，作为经济政策的首要目标；稳定国际汇率，在成员国之间保持有秩序的汇价安排，避免竞争性的汇价贬值；协助成员国建立经常性交易的多边支付制度，消除妨碍世界贸易的外汇管制；在有适当保证的条件下，基金组织向成员国临时提供普通资金，使其有信心利用此机会纠正国际收支的失调，而不采取危害本国或国际繁荣的措施；按照以上目的，缩短成员国国际收支不平衡的时间，减轻不平衡的程度等。然而，该组织在成立时便存在一个先天的问题，即它是美国霸权控制下的产物。

此外，国际货币基金组织成立70多年以来，共出现了三次大的全球性经济危机，使得国际货币基金组织的缺陷一一暴露出来。第一次是布雷顿森林体系的崩溃和瓦解。布雷顿森林体系在20世纪50年代初期运行基本良好，但随着全球经济力量对比的不断变化，原有的固定汇率已无法反映全球经济的状态，因此该体系的内部缺陷充分暴露。1973年，美国不得已宣布取消了双挂钩式的平价货币体系，主要工业国开始逐步实施"浮动汇率制"。第二次是20世纪90年代后期亚洲发生的金融危机。金融危机期间，整个亚洲地区都已经陷入了严重的国际经济动荡和国际金融市场制度紊乱，而作为"危机管理者"的国际货币基金组织为受灾国努力开出的"药方"，在事后被充分证明：不是有害就是使这些受灾国的"病情"进一步加重，而唯一一个能够直接得到实际经济获益的主要群体便是那些曾经努力开出"药方"的发达国家，他们从在这场金融危机中遭受经济灾难的国家中直接拿走了大量私人财产。第三次则是2008年起从美国开始蔓延的金融危机，这次危机使全世界人民都笼罩在阴霾之下，而自身存在着先天性缺陷的国际货币基金组织在这场危机面前却无能为力。由西方发达国家所掌控的国际货币基金组织无法完全代表世界各国，特别是发展中国家的利益。因此，改革国际货币基金组织中的决策机制和不公平的市场份额制、增强透明度、加大对危机的预警和防范力度就变得更加迫切。

（二）国际货币基金组织份额改革

为了更好地实现国际货币基金组织维持世界宏观经济的健康稳定，预防和减少危机事件的发生，并且在此过程中进行相应救助的目标，国际货币基金组织需要对会员国采取日常有效的宏观经济监控和金融稳定性的检测，对危机国家提供各种类型的补贴或者贷款以及提出政策性的意见。充裕的资金和成员国之间合理的份额分配比例，以及公平、合理、有效的投票机制，都是国际货币基金组织得以顺利运转的重要保证。

份额是成员国家认缴一定数额的资金，成员国认缴的资金份额总数越多，其在国际货币基金组织中的地位提高的概率就越高，投票权也就越大，而每个成员国拥有的投票权可以代表其对国际货币基金组织各项决策产生的直接影响。份额改革是国际货币基金组织改革的重要组成部分，也是其各项改革中的一个重难点。在国际货币基金组织份额分配中，一直存在着欧美国家的份额配制过高和新兴经济体份额分配较低的问题。2006年的国际货币基金组织年会上，份额改革才真正拉开序幕。在2008年，国际货币基金组织理事会正式批准了改革提案，将增加发展中国家的份额和投票权，使用新的份额计算公式。在2010年的改革方案中，份额最大的10个成员国中有4个是发展中国家和新兴市场国家，中国则成为基金组织第三大成员国。2016 年 1 月 27 日，国际货币基金组织份额改革新方案正式生效，然而新的份额改革计划并没有彻底改变针对美国的一票否决权，美国仍然保持着 17.4% 的份额和 16.47% 的投票权，这样针对新国际货币基金组织需要有 85% 投票才能通过的重大改革事项，美国仍保持了一票否决权，中国仍然处于被低估的国家行列。

围绕当前国际货币基金组织存在的一些问题，其未来改革方向重点集中在以下四个方面。第一，提高新兴市场国家的份额，将对国际货币基金的增资与其治理结构改革挂钩。国际货币基金组织按照新兴市场国家经济在全球经济中的比重，增加新兴市场国家的份额与投票权，符合世界经济的发展趋势。第二，扩大国际货币基金组织多边监测的功能，增强其对发达国家的监控和约束。由于国际货币基金组织仅限于双边监测，加之经济和社会金融全球化的不断发展，其难以挖掘或容易低估当前在全球体系中酝酿的系统性风险，因此国际货币基金组织将会把更多的资源投入、并用于实现多边监控功能。在对全球金融市场进行监测时，国际货币基金组织将加强与国际清算银行、巴塞尔委员会以及金融稳定论坛等国际相关机构的合作。国际货币基金组织在发表监测结果方面应该具有更强的独立性，从而使得监测结果对发达国家具有更大的约束力。第三，改变国际货币基金组织贷款条件性，提高其贷款的反应速度。国际货币基金组织短期贷款的主要条件性问题应该与华盛顿共识脱钩，从借款者的实际情况出发，这种做法从短期来看有助于维护借款国宏观经济与金融市场稳定，从长期来看有助于增强借款国还款能力与经济发展可持续性。此外，还应该提高国际货币基金组织的危机反应能力，提高其贷款的支付速度。第四，扩大特别提款权的适用范围，为创始超主权储备货币创造条件。此外，为降低国际货币体系对美元的依赖程度，世界各国应努力扩大特殊提款权在全球的发行和使用。

二、环境改革

2016年5月23日于内罗毕召开的第二届联合国环境大会讨论了与全球实施《2030年可持续发展议程》相关的重要国际议题，其中包括了保护环境健康和人类健康的重要议题。联合国环境规划署和世界卫生组织等多个国际机构与公约组织联合提交的"健康星球，健康人类"的研究结果表明：环境污染严重引起人的过早死亡，对公共卫生安全构成了威胁。除此之外，联合国环境规划署的研究报告指出，影响环境健康的各种因素主要包括自然灾害、生态系统的破坏、气候变暖、不合理的城镇规划、不健康的社会生活方式和不可持续发展的生产经营模式。

为具体贯彻落实《议程》的目标，破解"环境与健康"重大议题，第二届联合国环境大会提出了4种综合性的解决办法：(1)解毒，即去除或减轻各种有害物质对环境的直接影响。(2)推进脱碳，倡导利用可再生能源，减少二氧化碳排放量。(3)提高自然资源利用效率，满足经济社会合理发展需求。(4)进一步增强生态系统的恢复能力以及对各种干扰和冲击的预测、响应和恢复能力。

三、女性平等改革

女性平等改革致力于追求两性平等与增强女性能力。同贯穿于联合国各个工作领域的其他优先事项一样，社会性别问题同样应该得到足够的重视。开展女性平等领域的改革，可以审查规定编写的关于社会性别报告的任务授权出现重叠的问题，但最重要的是，需要全面评估和评价整个联合国系统的资源，以便加强联合国在两性平等和顾及社会性别因素方面的工作。

四、研究和培训改革

联合国各研究和培训机构的发展可以说是各自为政。加强协调，建立问责制和针对这些机构制定一个共同政策，将会精简决策，确保研究工作与决策挂钩。如果把这些机构合并成一个联合国教育研究和培训系统，就能为它们提出一个统一的愿景和总的战略方向，从而有助于它们集体对联合国系统作出更大的贡献。

五、联合国和平与安全改革

2020年，第75届联合国大会例行审议联合国安理会改革问题，中国常驻联合国代表张军在会上明确强调，安理会深化改革的决议应该形成充分体现公平、坚持平等、基于每个民族的重大共识。中国强烈支持安理会积极深入推动和支持促进各国与时俱进、革故鼎新，进行合理、必要的各项改革，确保改革成果人人共享。发展中国家的群体式崛起，是当今国际格局中最为重要的一个特点。安理会组成南北失衡、发达国家代表性过剩是催生这一轮改革进程的重要动因。首先，改革要确保公平，唯一的正确方向就是提高发展中国家、特别是非洲国家在安理会的代表性和发言权，纠正非洲国家遭受的历史不公。其次，改革要坚持平等，各国不论大小、强弱、贫富都应从改革中受益，能够更多参与安理会，改革的方向是要提高中小国家参与执行决策的可能性。最后，改革还要基于共识。只有建立在共识基础上的改革方案，才能确保改革的合法性和安理会的权威性，才能确保改革成果经得起时间和历史的检验。

对于后冷战时期维和行动出现的新情况，我们应该辩证看待，这既有关于维和原则的改良与发展，同时也存在着人类对于维和原则的坚持与维护。国际规则需要适应和服务于国际实践，但同时也应当发挥对具体实践的引领、指导和规范作用。我们既不能无视维和领域出现的新问题，保持现有规则一成不变，也不能一味推崇激变，而应当以发展和动态的眼光加以考量，推动其适度发展。

如何有效地克服联合国维和行动所面临的资金和财政困境，为充实维和经费寻求一条可行性途径，成为社会各界广泛关注的焦点，同时也是联合国改革和促进维和行动的核心所在。笔者认为，解决联合国对于维和行动中的资金问题，可以从两个主要的方面入手。

第一，在现有的法律框架内，着力落实会员国应该承担的财政责任。包括大力倡导和反复重申会员国必须善意履行遵守《联合国宪章》明确规定的义务，并根据基本法律原则，缴纳国际会费，其中所需要涉及的任何维和援助资金都应该是会员国理应担负起的必须承担的法定法律责任。

第二，建立相互协调的关联与共同推进机制。这使得欧盟成员国向各类社会组织提供的维和支援资金，不仅仅是外部政策对其强加的一种软性政策要求，同时还代表着自身所处的社会利益主体的诉求。

六、联合国安全理事会改革

（一）安理会改革的现状与问题

安理会被认为是联合国最重要的组织之一，它是联合国内部中央一级的第一级机构。安理会改革实质上是自第二次世界大战以来世界权力的一次再分配，既关系到大国重新定位和国际格局的调整，也关系到在21世纪建立一个什么样的世界秩序的问题。安理会的制度改革涉及两个方面的问题，即安理会的扩大与否决权的废存或者限用问题。

首先是安理会的扩大：改革过程中应该充分体现各个地区之间的平衡。安理会的扩大首先应该考虑到发展中国家，另外，确定新增安理会理事国需要考虑的因素很多，如人口、经济、军事及其影响，而不能仅仅考虑经济。

其次安理会改革的另一焦点是否决权问题：自联合国成立以来，否决权一直成为修改《联合国宪章》的一个重大问题。否决权制度本身存在一些模糊不清的地方，而且某些常任理事国大肆滥用否决权，严重阻碍了安理会顺利地发挥作用，否决权改革已是大势所趋。否决权的产生具有一定的必然性和进步性，否决权依然是联合国生存的基础和支柱，是大国矛盾的缓冲器，近半个世纪的政治现实告诉我们，没有否决权就不会有联合国。因此否决权虽然不能取消，但是必须对否决权加以限制，以减少其消极作用。

（二）安理会改革中坚持的原则

联合国的改革必须始终做到与时俱进，根据当前国际政治环境的发展变化，本着努力构建和平、稳定、公正、合理的国际政治经济社会秩序的理念，推动多边制度的发展，使之适应并继续发挥管理全球化下国际事务的领导作用：首先，安理会改革应当弘扬《联合国宪章》的基本精神，加强安理会的作用和国际权威。要通过这种改革的国际进程进一步强化《联合国宪章》中所倡导的解决国际争端和协助解决诸如国际军事纠纷、主权平等、集体民主互助等基本国际原则。其次，坚决依法捍卫国家主权。《联合国宪章》明确指出，联合国组织建立在所有会员国主权平等的原则基础上。民族国家是组成国际社会的基本行为主体，各国政府是承担全球合作治理的主体，主权国家在保护本国人民免受威胁和改善生活以及保障人权等方面负有主要责任，国家层面上的合作治理和善治是区域和全球治理的基础。因此安理会改革应当同维护国家主权有机配合。再次，改革的重点是继续不断提高联合国安理会的工作效率，更有效地完成联合国三大任务，增强联合国应对各种国际威胁和挑战的反应能力。

（三）经济及社会理事会的改革

与安理会的各项改革决议相比，联合国经济及社会理事会各个方面的改革更容易有新的进展。2006 年，联合国大会第 61/16 号全体决议首次明确提出关于"加强经济及社会理事会"的重大目标，强调需要一个更有效的经济及社会理事会，使之成为政策协调、审议、对话和对经济与国际社会发展等问题提出政策建议的主要决策机构。此决议的主要内容包括改善经社理事会实质性会议的结构、提高经社理事会在促进全球经济问题对话方面的作用、发展合作论坛、年度部长级审查、经社理事会与人道主义紧急情况以及经社理事会与建设和平委员会等等。2012

年 3 月里约会议最后一份文件中也包括了一系列促使联合国经社理事会更好发挥作用的措施，如进一步提升联合国环境规划署和环境系统的国际地位和作用，加强国际金融机构与联合国发展系统在社会、经济和生态环境三个主要方面的业务活动，提高系统的决策一致性和工作效率等等。

七、秘书长候选人推选程序方面的改革

（一）改革的必要性

1. 理事国人员名额划分不均，代表性等问题饱受质疑

近年来，联合国会员国的范围和数量不断扩大和增加，已经从 1945 年创立之初的 51 个创始会员国迅速发展到了现在的 193 个会员国，但是目前作为联合国重要组织机构之一的安理会及其成员国的数量却一直保持着 15 个，且 5 个常任理事国并未发生任何改变。按照《联合国宪章》第 18 条规定，在联合国选举安全委员会的非正式理事国期间，原则上应该尽可能地使得全世界各地区都有自己的代表席位。近年来亚非独立国家的影响力大幅度提升，然而这些国家仍然没有在联合国获得相应的话语权。因此，在联合国方面提出修改《联合国宪章》，增加安全理事会非常任理事国名额的建议是完全必要的。

2. 常任理事国"一票否决权"的合理性

在安理会的选举表决程序中，常任理事国的一票否决权使其占有举足轻重的地位。五大常任理事国中任何一个理事国对某一问题或方案抱

有反对意见，那么该方案就无法通过，这显然在一定程度上否定了会员国之间公开投票的公正和平等。比如，在反对美国霸权主义方面，安理会一票否决的决策机制发挥的消极作用甚至胜过了积极作用，具体来看，当一项决议会影响美国的国家利益时，美国就会行使"一票否决权"。虽然其他四个常任理事国也都拥有相同的一票否决权，但由于经济和政治实力等原因，这些主张对于美国在联合国的霸权行为几乎没有起到制约性作用。

（二）秘书长候选人推选程序方面的改革建议

根据《联合国宪章》，联合国秘书长经安理会推荐，由联合国大会任命产生。有关秘书长推选改革方面的建议主要包括以下几个方面。

第一，设立秘书长推选委员会，负责秘书长推选工作，包括审定候选人资格，向安理会和大会推荐若干候选人。

第二，制定一套旨在选出最佳候选者的推选程序，对候选人资格及秘书长职位作出说明，明确时间表和正式候选人名单。

第三，提高选举透明度，举行公开会议，要求每位提名候选人均向大会全体成员提出新的施政纲领，使得各个会员国和其他利益共同体各方有机会对候选人提问，以便于大会后续对每位提名候选人进行讨论和综合评估。

第四，常任理事国宣布在秘书长的推选问题上采取多数投票制，不再使用否决权。

第五，公开进入名单的候选人履历及相关信息。

从发展趋势来看，秘书长产生的程序会逐渐规范化，更加公开、透明、更具有竞争性。

八、发展融资机制改革

2018 年 1 月，联合国秘书长古特雷斯提出要加快推动联合国发展系统在 7 个关键领域进行改革。其中第 4 项是对联合国发展系统内各层级机构的主要职能和组织结构进行改革，明确联合国总部任命官员在各层级的领导责任，将发展战略与筹集资金的职能分开。发展系统改革第 6 项更是明确提出，建立"融资契约"（Funding Compact），将其作为联合国融资改革的指导方针。①"融资契约"的成立宗旨和工作目标主要是帮助联合国获取更多优质、可预测的资源，推动融资受益人及其捐助者以及社会公益服务行业群体更加丰富多样，增强其融资问责制和相关信息的公开透明度，提高该组织在未来几年内推动完成《2030 年可持续发展议程》的工作效率。主要措施有以下几点。

第一，强化联合筹资机制，提高发展系统中各组织之间的一致性和协调性，扩大捐助者群体，改善风险管理，发挥杠杆作用，为开展更多领域的合作提供更好的引导。

第二，建立问责机制，就全面实施支持联合国可持续发展战略目标实现的各项工作向成员国、联合国经济及社会理事会作相应的报告，并对联合国发展系统的运营情况进行独立评价。

第三，加强融资机制改革和建设，与成员国开展筹资对话，适当增加成员国对联合国发展系统建设的资金贡献。

此外，古特雷斯还建议将分配给整个系统的核心资源份额由 21.7%

---

① 参见 "*Speakers Examine Proposal to Create Three Shared Administrative Service Centres, as Budget Committee Considers Benefits, Cost of Global Service Delivery Model,*" United Nations, June 19, 2018, https://www.un.org/press/en/2018/gaab4285.doc.htm。

大幅度增长至30%（进一步提高捐赠时不指定用途的一般性融资比例）；将投入各个国家的非核心资金比例由8%扩大至16%（也就是说在指定使用范围的筹款中，提升了拨付到各个国家层面的比率）。

九、联合国系统采购程序改革

近年来，联合国在其政治职能之外正日益成为一个购买力强大的经济实体。1999年，联合国在全球各地采购了约33.5亿美元的货物和服务，截至2009年，这一贸易额上升至138亿美元，短短10年间增长了4倍。围绕联合国采购程序的争议与改革议题，也越来越值得人们研究和重视。目前，联合国系统的采购金额已远超出了联合国的常规预算，这些经费主要源自会员国认缴的会费、捐助、参加联合国开发计划的国别预算以及部分国际金融机构的贷款等，因此联合国采购需要对各会员国负责并受各会员国的监督。事实上，从20世纪末开始，联合国便着手对采购制度进行改革，以加强内部控制，将采购资金的使用效益最优化。1999年，第54届联合国大会根据第五委员会的报告，通过了采购程序改革的决议，提出"采购程序应当更加透明、更加有效并应充分反映联合国的国际特征"，并且要求继续"增加向发展中国家和经济转型国家供应商采购的机会"。

鉴于此，近年来联合国一直致力于完善对采购过程的程序控制，主要目标包括：增加供应商的代表性，改进供应商数据库的注册程序；增加采购程序的透明度和竞争性；增加采购中对电子方式的使用，并保障电子方式的安全性；增加对采购项目的规划，对采购官员进行培训，以增加其专业性，增加内部协调和对当地采购的技术支持；完善授权控制和责任配置制度，严格责任分离原则等。同时，联合国也加强了对采购官员道德操守的指引，要求他们进行财产申报，并在离职后的一定期限内受竞业禁止义务的约束，在采购过程中出现利益冲突时主动予以回避，并对收受礼物、回扣等违规行为实行"零容忍"政策，尽量防范道德风险。在采购机构的设置上，联合国也做了相应的调整，指定"机构间采购工作组"和"采购一般服务工作组"负责推进采购改革，促进跨机构的协调。

第六节 联合国发展系统改革前景展望

进入 21 世纪以来，联合国面临的最大困难恐怕是如何处理其与美国的关系。在美国新保守派的眼中，联合国的时代已经结束，安理会在伊拉克危机中的表现令美国鹰派人士非常不满。因此，联合国改革在某种程度上不得不看美国的脸色。但是，按照《联合国宪章》所赋予的权利，安理会常任理事国都应该有权否决任何一项可能有利于遏制美国单边军事行动的决议和提案。这样看来，美国对联合国改革的期望值不会很高。实际上，美国国内要求"甩开联合国，另起炉灶"的声音一直没有停止过。

因此，从某种程度上来讲，联合国发展系统的改革是联合国适应国际形势和国际力量不断发生变化的结果，同时不断变化的世界格局与国际力量对比也是促使联合国组织发生变革的关键。改革联合国也是联合国组织自身生存与发展的需要，在这一过程中，改革面临着各种挑战，如其他国际新媒体的竞争。只有不断改革、不断适应，联合国才能充分体现自身的主导地位和作用。一方面，联合国作为当今世界上最权威的、覆盖国家最多的政府间组织，虽然不完善，但仍具有重要而且不可取代的地位。这也是为什么会员国从不同的立场出发，支持并推动联合国改革。另一方面，对于联合国这样庞大的组织来说，无论过去还是未来，改革都将是一个复杂而又缓慢的过程，唯有那些经过深思熟虑并且获得了广大成员国支持的改革计划，才有可能在国际上顺利实施。联合国的改革必须平衡其代表性、包容性与组织的效率和绩效之间的相互关系，因为安理会的代表性强弱并不意味着其效率高低，而且改革还需要均衡各个国家和集团之间的利益关系。比如发展中国家更多地注重联合国在促进发展救灾援助、经济合作等方面的角色和引导作用，以及联合国在促进建立更加公平合理的国际政治经济新秩序方面的角色和作用，而发达国家却更注重发挥联合国在经济发展、环境问题、人道主义和反干涉、人权等各个领域的重要地位和领导作用。改革还是不同政治立场和经济立场的成员国之间的利益博弈。在有关改革的国际问题上，少数的西方大国对一些改革计划方案使用了否决权，或众多的西方小国"围攻"一大国以继续推进针对小国的改革方案，这种状况经常发生，美国也曾用削减会费的手段，要求联合国尽快执行和实施美国所倡议的各项改革发展计划。联合国改革面临的挑战和困境决定了联合国未来的改革依旧是一种缓慢、渐进的模式。

近年来，随着国际民主政治的进一步深入发展和国际局势的深刻变化，安理会常任理事国拥有的"一票否决权"也逐渐开始遭到了各界质疑和强烈批评，其不公正性也逐渐显露出来，否决权的正确使用和职权去留相关问题已逐渐成为联合国安理会各项改革发展议题之中的重要讨论课题。就当前国际形势而言，取消否决权是很难真正实现的。《联合国宪章》第 108 条明确规定，"本宪章之修正案经大会会员国三分之二表决并由联合国会员国三分之二，包括安全理事会全体常任理事国，各依其宪法程序批准后，对于联合国所有会员国发生效力"，这就意味着五大常任理事国在是否取消其拥有的"一票否决权"的问题上也拥有一票否决权。因此，让五大常任理事国投票放弃这一特权简直就是天方夜谭。此外，联合国近几年来长期受到霸权主义操控的情况越来越严重，这对当前联合国国际职能的有效发挥产生不利影响。联合国若想彻底摆脱西方霸权主义的控制，就必须努力维护包括《联合国宪章》在内的所有有关国际基本法则的最高权威，必须更加旗帜鲜明地反对单边主义，坚持多边主义的原则，实行新的国际民主，这都是维护最广大国家和世界人民的根本利益，维护世界长期和平、促进共同繁荣发展的根本出路。

第七节　改革的主要争议点

新一轮联合国改革不仅涉及新的利益分配，而且关系到未来全球治理的发展方向。就前者而言，一个典型的例子就是古特雷斯关于建立全球服务提供模式（Global Service Delivery Model）的提议。他提议在内罗毕、布达佩斯和墨西哥城 3 个中心地区分别设立共享服务中心，为联合国公共行政服务提供共享服务。然而，共享服务中心位置的选择却因触及会员国的直接利益而引发激烈的争论。①

南方国家与北方国家之间的分野较大是联合国改革需要注意的一个重要问题，和平、发展、人权三大支柱之间的关系问题是很多矛盾产生

①　参见 Max-Otto Baumann, *"Forever North-South? The Political Challenges of Reforming the UN Development System,"* Third World Quarterly, Vol.39, No.4, 2018, p.627。

的根源，会员国在驻地协调员系统和新的资助方案两个方面的分歧最为突出。古特雷斯的联合国改革主张进一步着力加强联合国和平、发展、人权三大支柱之间的深度融合，并进一步明确提出"全支柱"和"跨支柱"的发展战略。发达国家支持古特雷斯的改革计划，主张进一步加强各个跨支柱之间的沟通和协调，然而，发展中国家则普遍担心这次改革或将导致原本属于发展议程的资源被转而投向人道主义援助和构筑和平等领域，由此发展中国家对于加强三大支柱之间关联性的努力保持警惕。2017 年 10 月，在联合国大会第二委员会关于发展经济和商业贸易活动的会议上，非盟代表首次提出关于发展的讨论必须避免涉及冲突预防及其他和平与安全主题。2019 年 4 月，在联合国经社理事会主办的发展筹资论坛上，77 国集团代表再次强调"官方发展援助资源向人道主义及危机情势的转移，不符合实现 2030 议程目标所需的资助发展的长期和可持续的路径"[①]。驻地协调员制度改革，是古特雷斯的联合国改革方案议程中旨在努力促进整个联合国一体化的一项关键改革内容，然而，会员国对新的驻地协调员系统与当事国的关系问题存在着矛盾，分歧主要在于发达国家主张突出驻地协调员系统的独立性，而发展中国家则担心改革会削弱方案国对本国发展进程的主导权。[②] 在关于各国发展体系改革的对话会中，77 国集团和非盟国代表都提出：集中化的管理将直接导致驻地协调员完全脱离业务活动，造成联合国对发展中国家的需求变化的反应缺乏高度敏感性。

---

① 参见 Stefano Gennarini, "*UN Super Bureaurats Cause Stir at UN Headquarters*," Center for Family and Human Rights, August 17, 2017, https://c-fam.org/friday_fax/un-super-bureaucrats-cause-stir-un-headquarters/。

② 参见王毅：《坚定不移走和平发展道路　推动构建人类命运共同体》，新华社 2018 年 3 月 14 日，http://opinion. people. com. cn / n1/2018/0314/c1003-29866045.html。

第七章　对联合国发展系统发展
变革的评述

联合国核心机构在 2015 年可持续发展目标决议中强调："只有资源充分、有价值、有条理、效率高、有作用的联合国系统才能体现出角色重要和相对优势，才能支持可持续发展目标的实现和可持续发展。"①

实际上，联合国固有的相互联系的许多系统需要应对重大的有关实际运营和知识的挑战，特别是由于目前联合国开发计划署发挥的作用明显不足，导致了任务重叠和连贯性欠缺等问题。这些固有的结构性弱点，加上落实的质量问题，导致联合国在日新月异的发展舞台上日益边缘化。这也需要对联合国开发计划署各实体的管理、组织和资金提供方面进行相应的变革，而这些改变远远超出协调和一致性的范围。

目前，国际学术界有关联合国改革的作品相当丰富，涵盖的范围也相当全面。出现了一些第三世界学者专门著述的、深入评述联合国近年来改革的作品。② 每隔一段时间，在西方各大报纸上就会出现有关联合

---

① UN, *Transforming Our World: The 2030 Agenda for Sustainable Development* (GA Resolution A/RES/70), New York: UN, 25 September 2015, p.46.

② 参见 N. A, *Alnasser.A Year at the Helm of the United Nations General Assembly*, New York: NYU Press, 2014。

国改革的文章。联合国发展系统与整个联合国的大框架是一体同态的，联合国有关机构的改革也就必然要对其发展系统造成直接的影响。本章将对联合国发展系统的发展变革进行系统性的梳理，并对其进行一定深度的评判。

第一节　联合国发展系统改革的进程

联合国发展系统改革的萌芽在很早以前就已出现，联合国发展系统的改革不仅体现在具体机构组织的调整安排上，也体现在实权划分的重组上。从事更具体、更有针对性工作的项目组显著增多，权力落差得以减小，整个系统呈现出越来越显著的扁平化趋向。此外，联合国发展系统的运作流程也越来越灵活，在大方向上也越来越有意识地远离错综复杂的国际政治领域。资金、资源的分配虽不时出现龃龉，但也基本上趋于规范。特别是 21 世纪以来联合国发展系统的改革在某些方面取得了显著的实效，但有些方面仍停滞不前，甚至还有倒退的风险。因此，从旁观者的角度看，也只能对联合国发展系统的改革进程保持谨慎乐观的态度。考虑到当前联合国在全球事务中的作用相对下降，二十国集团等大国间多边论坛的重要性相对上升，全球治理的意见分裂严重，联合国发展系统若要在短期内发挥更大的作用，除了要加大相关方面的改革力度，还要适应西方相对衰落、各新兴大国崛起的多极化新世界，并要坚持在自身结构、理念和做法等方面做到与时俱进。联合国发展系统改革目前最为注重的是提高效率，但这也不是一成不变的，相信随着现实情况的发展，改革的进程本身也将变得日益多元。

联合国内部对于开发计划署工作的关注历时久远，对其职能重要性的理解也较为深刻。粮农组织总干事博伊德·奥尔（Lord Boyd Orr）爵士在 1948 年致函时任联合国协调处助理秘书长罗伯特·杰克逊（Robert Jackson）时表示："我真诚地希望你能够做我过去两年来一直在呼吁的事情——召集各专业机构部门的负责人，努力开始一场协调合作的运动"。① 早些时候，博伊德·奥尔就遇到了建立一个新兴发展"体系"的挑战。1948 年组建伊始仅有 10 个成员国参与，设立了 9 个专门机构。20 年后，开发计划署进行了一次重大改革，将开发组的数目提升至 18 个，之后又经历多次改革，现在开发组的数量已经是最初的 3 倍，达到 27 个。随着开发计划署在全球范围内的重要性日益彰显，在今后，其机构的改革仍将继续。

另外，联合国开发计划署机构数量在一直增长的同时，对其内部各部门"联合努力"的呼声也日益增长，并且该呼声已经成为越来越重要的议题。究其原因，是由于联合国的机构系统过于分散。此问题有三方面表现。第一，同一系统的不同部分产生了操作和政策上的不一致，而这个系统自成立起就包含着不同的标准、价值观和方法。第二，联合国不同的子系统的运营导致整体上存在资源的重复和浪费现象。例如，不同的开发计划署组织在不同国家设立了 1000 余个代表办事处，甚至在某些国家，联合国办事处超过了 20 个。这意味着需要 1000 多名特派团团长、行政官员、工作人员团队工作。这些负责人向不同的总部报告，他们本身在不同的驻地，联合国地区工作人员同他们的大本营的联系是纵向的，其中一些办事处是区域性的，它们负责几个国家的业务，但不

---

① UN, *A Study of the Capacity of the United Nations Development System* （"The Capacity Study"）, Geneva: UN, 1969, DP/5, p.33.

同的联合国地区办事处并不总是位于同一地点。甚至联合国的区域划分也因这些组织而多变，使得横向协调更加困难。第三，开发计划署的不同部门竞争相同的运营资金的来源。随着时间的推移，这一问题明显变得更加尖锐，这主要归因于联合国最初主要运营的资金提供机制已经开始逐渐失效。随着专项拨款资金的日益增多，对资金的争夺已导致对多边原则的削弱：工作任务踟蹰不前，联合国议程隐隐出现迎合某些国际集团的供应导向，一些弱势国家的自主选择权被逐渐削弱。

如上所述，因为组织数量的增加及其所在国家政治势力的复杂化，这些零碎的问题随着时间的推移而日益增多。对此，早在20世纪60年代就有人尝试改革。表7—1展示了联合国发展系统出现过的4次重要的改革。第一次改革以1969年发表的《联合国开发系统的职能研究》为标志。其主要作者是罗伯特·杰克逊（Robert Jackson），由当时的开发计划署署长保罗·霍夫曼（Paul Hoffman）委托编写。霍夫曼是一位效率极高的管理者，曾成功地实施了"马歇尔计划"，他提出被他称为"联合国开发系统"的建议，在他看来，这是一个"繁衍机构的丛林"①。杰克逊的研究在第2年完成，他尝试向联合国提供一个完整的解决方案，其精髓是被他称为职能研究的"十诫"。"十诫"包括以下内容。

1.引入一种制定方案的方法，使其能够一次性地综合规划所有联合国开发系统的投入，且与这一期间各个国家发展计划的需求相一致。

2.项目批准后要迅速、高效地执行，必要时可利用系统内外所有可用的方法和资源。

---

① C. N. Murphy, UNDP, *A Better Way*, Cambridge: Cambridge University Press, 2006, p.142.

3.对开发计划署管理者在使用所筹集资源时的流程进行管控评估，旨在保持有效的问责机制，具体包括衡量结果、判断所用方法的有效性、总结其对未来项目的借鉴意义。

4.将有效的后续行动看作每个项目必不可少的一部分，并从项目开始就进行贯彻。

5.引入有效的信息系统。

6.对国家、地区和总部一级的组织进行改革，旨在更密切地整合联合国开发系统的各部分。这些措施应最大程度地将控制权从中心下放到地区，并极大加强驻外代表的权力。

7.在各个运营层级中妥善雇佣人员，针对最优质的可用人才制定长期的吸纳和保障措施。

8.设计一个确保业务活动顺利进行的财务框架，并将委托给联合国发展系统将发展合作的资金尽可能地通过该框架进行管理，并由组织负责人对资金的使用负责。

9.为了确保有效、迅速和经济地运作，最大限度地利用所有的现代管理和行政辅助手段以及技术。

10.当新的挑战和机会出现时，各成员国政府和联合国系统都同样有最大的灵活性去适应变化的环境，从而迅速、有效地对其作出反应。

表 7—1　联合国发展系统 4 次重要的改革

年份	发起人	社会职位	核心文件	支持者	结果
1969	罗伯特·杰克逊	马歇尔计划实施者	《联合国开发系统的职能研究》	保罗·霍夫曼（联合国开发计划署署长）	资金划拨方式改革；监督办事处成立

续表

年份	发起人	社会职位	核心文件	支持者	结果
1975	理查德·N.加德纳	哥伦比亚大学教授	《一个新的联合国全球生态结构》		设立联合国驻地协调员；设立发展与经济合作总干事
1987	维利·勃兰特	国际发展问题独立委员会	《我们全球的邻居》	英瓦尔·卡尔松（瑞典首相）、施里·戴斯·拉姆法尔（英联邦前秘书长）	发展了"可持续发展"的理念，将环境与能源发展进程联系起来
1997	莫里斯·斯特朗	环境规划署创始人	《振兴联合国：一部改革方案》	科菲·安南（联合国秘书长）	设立一个常务副秘书长职位；若干机构与职能调整；将人权纳入"联合国主要工作实施计划"中；加强环境规划署权利

即使以当今视角看来，这些准则仍然中肯，是对联合国接下来的改革步伐的冷静评论和方向指引。超过 500 页的《职能研究》（Capacity Study），包含了许多实际可行的建议，有的部分已经被践行。据《职能研究》称，联合国各机构的增长是由其技术援助行动推动的，主要由开发计划署按规定份额提供资金。然而，就像当时的大多数援助一样，它是以供应为主。项目提案是由机构工作人员提出，无法贴合发展中国家的需求。《职能研究》寻求扭转这一进程，并鼓励各国在以指示性规划数字（Indicative Planning Figure，简称 IPF）知名的既定多年财政框架内制定综合方案，即资金仍将通过开发计划署拨给各机构，但将根据各种不同的发展标准，从现有资金的规划预估之中，预先划拨给各国。同时由开发计划署驻该国的驻地代表负责管理每个国家的方案。

联合国开发计划署总部将设立 4 个区域办事处，以监督各自国家的专门办事处，这些地区性组织需要时刻同联合国各区域委员会保持密切合作，最终可实现区域委员会同开发计划署的同地办公，甚至是合并。就发展的具体合作而言，各专门机构将通过一个技术咨询小组对开发计划署的实质性思维作出贡献，同时还将设立一个开发资源小组，由联合国开发计划署、世界银行、国际货币基金组织、联合国贸易发展会议、联合国儿童基金会、世界粮食计划署和联合国经济和社会事务署等各方机构的负责人组成，他们负责"协调政策、整合开发计划署和联合国系统其他部门之间的活动，这些部门是资金的主要提供者，负责作出影响发展进程的总体政策决定。之所以如此重视来自内部的支持，是因为《职能研究》中涉及关于实现内部改革的需要。然而，尽管在开发计划署理事会中的一些发展中国家以及其他的捐助国中存在内部改革的支持者，但政府间辩论的结果仍然存在着潜在的分歧"①。各国之间对于"改革"的看法存在着一个明显的分水岭，因此就目前局势而言，远远未能达到《职能研究》中预计要实现的发展目标。

联合国内部系统的可持续发展道路经历过很多次的调整和变革，由于《职能研究》初步明确了联合国相关改革的优先事项，所以它提供的思路显得极为重要。自此以后，联合国秘书处内部和联合国各组织内部陆续提出了许多改革建议，并最终形成了 4 套针对整个联合国系统的全面的官方改革建议，即 3 套内部改革建议和 1 套外部改革建议。

1975 年，联合国开发计划署应发展中国家的要求召集了一个专家小组，就如何更有效地满足发展中国家的需要提出了建议报告。这份

---

① UNDP, *Report of the Governing Council*, Tenth Session (9–30 June 1970), 70/34 and Eleventh Session (14 January–2 February 1971), 71/14.

报告主要由哥伦比亚大学教授理查德·加德纳（Richard Gardner）撰写。报告相当明确地向联合国提出：必须在思考人类如何应对未来和解决联合国效率下降这两个主题之间作出选择。报告还提议设立一个联合国发展机构，以巩固联合国发展系统的活动效果，但这一提议遭到以美国为首的多个国家的反对，美国认为更加统一的机构的设立将削弱联合国的影响力。随后，时任联合国秘书长库尔特·瓦尔德海姆（Kurt·Waldheim）对这份报告表示不满，因此该报告也没有得到内部的支持。但不得不承认的是该报告中包含着重要的建议，其中一项是在每个发展中国家指定一名"全面负责和协调发展业务活动"的官员，后来该建议被采纳，这一官员演变为联合国驻地协调员。最初几年担任这个职位的官员几乎都是从开发计划署抽调，但之后为加强全球层面的协调，联合国大会还相应地呼吁任命1名主管国际经济合作、发展的总干事以协助工作，从而确保经济和社会领域所有活动的一致性、协调性和可控性。

这些在国家和全球两个层面给予联合国开发计划署以重要启示的建议，都与机构间的竞争背道而驰，而资助各个组织的捐助者助长了这种竞争。在20世纪七八十年代，开发计划署积极地建立自己的有独立执行能力的系统，其地区代表被其他联合国组织视为协调员的同时，也被视为他们的竞争对手。这一矛盾从未得到解决，将联合国协调员的责任从开发计划署转移出去的提议不断地被提出，但迄今为止尚未得到执行。总干事的职位也命运多舛。为了更好地发挥其作用，该职位的任职者需要同时具备资历和声誉（例如著名的开发专家）才能对联合国专门机构行使权力，但是如果任职者既没有资历也没有声誉的话，该职位就会因难以彰显其应有的重要作用而沦为鸡肋职位。

　　理查德·加德纳的报告中有两项建议具有潜在的重要意义。一项是加强经济及社会理事会作为开发计划署监督者的作用，并将其确立为"全球性或关于国际经济、社会问题研讨的中心论坛"。"自那以后，几乎每年都有类似的经济及社会理事会改革理念出炉，但从未从固有的、单一的咨询职权中解放出来。"另一项是针对联合国各区域委员会的提案，其导致的后果是加剧了各地区运行体制的分散，资金和人力资源难以集中。最初，欧洲和拉丁美洲委员会设立的目的是作为区域援助渠道帮助该地区发展，但这一作用从未得以实现。因此，这项新建议在本质上是自相矛盾的——既要集中又要分散开发计划署的权力以及相应资源。它指定 5 个区域委员会为联合国系统内主要的经济和社会发展中心，但由于开发计划署的其他组织有自己的区域结构和具体方案，导致各委员会（1979 年也成为开发计划署的执行机构）同开发计划署及其专门机构具有并行的同等职能，其职权重叠甚至是冲突亦使得理想、有效的监管无法得以推行。更不幸的是，在联合国全球部门和区域部门两个级别之间从未有过任何清晰的工作分工，关于明确双方职责问题的相关尝试也并未将这一问题解决。因此，决议中的这两项建议尽管言之凿凿，但最终影响有限。

　　第三次改革方案来自联合国之外。维利·勃兰特召集了自己的国际发展问题独立委员会的成员，再加上 2 位主席——瑞典首相英瓦尔·卡尔松（Ingvar Carksson）和英联邦前秘书长施里·戴斯·拉姆法尔（Shri Dath Ramphal）以及其他 26 位国际知名专家构成全球治理委员会。委员会发表了一份报告《我们全球的邻居》，其中包括一部分关于改革联合国的内容，并对联合国发展系统进行了猛烈的抨击。报告认为与其改革经济及社会理事会，还不如"将其关闭"，由联合国大会的第二和第三委员会合并取代。该委员会建议"联合国应审查其经济委员会的持续性作用",建议将资金支持转用于"由国家自己建立的区域和下属分区组织"。①

但是这些建议从未成为现实,因为会员国普遍都强烈抵制这些建议。即便如此,这些提议仍然得到了广泛的讨论,帮助提高人们对联合国系统健康发展的关注。这份报告也呼吁将托管理事会转变为一个全球共用的论坛,并对可持续发展高级别政治论坛的召开表示期待。它还建议改进任命联合国秘书长的程序,并表示希望 2015 年联合国大会达成协议时能够作出某些改变。

第四次改革紧随其后。1997 年,莫里斯·斯特朗撰写的《振兴联合国:一部改革方案》出版。莫里斯·斯特朗是联合国开发计划署的创始人,也是当时新当选的具有改革意识的联合国秘书长科菲·安南的顾问,他作为一位联合国的长期职员已经熟悉了这个系统。该报告的参考条款可以总结为这样一句话:"如果要充分实现联合国的目标,需要更大程度上的同心协力和协调行动,并作为一个整体,将此原则贯穿整个系统。"安南任期的早期"蜜月"阶段为变革提供了一个成熟的机会,几项与联合国发展系统相关的方案得到采纳和执行。其中包括:设立 1 个常务副秘书长职位、1 个高级管理小组和 1 个战略规划股;将发展业务的联合国基金和开发运行方案归入联合国发展集团;将维也纳的 2 个项目组合并为联合国毒品和犯罪问题办公室;将人道主义事务部转变为人道主义事务协调厅,其工作内容包括人道主义政策制定和宣传。改革议程还包括在 2000 年"千年大会"上,将人权纳入"联合国主要工作

---

① P. B.Holland-Cunz, S. U. Ruppert, *Our Global Neighbourhood*, Frauen politische Chancen globaler Politik, 2002, p.290.

实施计划"中。还提出要加强联合国开发计划署的作用，并指出要在国家层面"下放决策权和巩固联合国在'统一旗帜'下的存在"。千年大会成为 2000 年的首脑会议，2006 年安南的第二套改革方案进一步提出了其他建议。

虽然并不是所有方案都得到了实施，但这项改革规划在整合体系的道路上又前进了一步。时任秘书长科菲·安南打算领导建立一个新的发展筹资机构，作为联合国开发计划署筹资的一个重要联络中心。此次改革最重要的措施是成立了联合国发展集团（UNDG），其成员扩大到几乎包括开发计划署的所有组织。即使联合国发展集团有大量的会议和协调机构，开发计划署现在仍然拥有了一个可以在其中讨论和实施全系统倡议的实际论坛。联合国发展集团由开发计划署署长担任主席，这导致了与地区级管理者相同的问题，即这个系统机构的领导既是系统的协调员，又是竞争对手。

另外，科菲·安南还专门成立了 2 个更高级别的小组，让他们就改革提出建议。第一个是在 2004 年建立的威胁、挑战和革新问题高级小组，这个小组撰写的报告：《更大的自由：迈向发展，为每一个人的安全和人权》对联合国后来的发展影响巨大。这份报告成为 2005 年首脑会议最重要的议题，并促使联合国加强了安全和人权方面的职能。基于副手马克·马洛克·布朗的建议，科菲·安南在任职的最后 1 年建立了另一个高级小组，这是关于联合国内部系统改革的一个小组，该小组的报告：《一体行动，履行使命》是迄今为止改革联合国开发计划署的最近一次也是重要的一次尝试。该小组由来自莫桑比克、挪威和巴基斯坦的 3 位时任总理和智利、坦桑尼亚、英国的 3 位前任或未来的政府首脑共同主持。虽然小组中没有来自非政府部门或民间社会的成员，但在重大问题方面会同非政府利益企业进行磋商。这个小组清晰地认识到了以往联合国遇到的问题，并对此提出了一系列建议。其中的一些建议是建立在 1997 年报告中"一面旗帜"理念的基础上。据悉，该报告的最初版本包含若干较为激进的提案，这些建议因为会员国的反对而被放弃。另外，这份报告的发表时机很不合适——报告在 2006 年的联合国大会期间出版，彼时恰逢时任秘书长安南任期的最后几个月，因此，微妙的时机实际上限制了大会期间报告的讨论时间，导致这次改革提议没有取得预期效果。

第二节　联合国发展系统改革的挑战

从 2007 年 1 月起，《千年发展目标报告》为即将上任的联合国秘书长潘基文（Ban Ki Moon）提供了一个变革机遇，并指明了联合国自我改革的方向，这一改革方向迄今正在进行。同年 4 月，潘基文发表了一份报告，广泛支持一体行动组织报告中的建议，并认可了在 2 个领域已取得的适度进展：联合国在国家层面上加强联合的努力和在 2010 年将 4 个性别实体机构并入联合国妇女署的工作，后者是《千年发展目标报告》中若干建议里唯一得到完全执行的项目。

联合国发展集团是机构改革得以持续进行的重要力量，从 2007 年起，联合国发展集团一直在推动地区级改革以使其更加协调一致，并提出了"统一领导、统一方案、统一预算、统一办事处"的"四个统一"的改革方针，改革取得了初步的进展（如图 7—1 所示）。

统一领导：联合国驻地协调员的权利得到加强，并且拥有更多资源。尽管这些驻地协调员依然与开发计划署签订合同，但候选人的选择范围更广，包括了联合国内部机构或者外部的其他组织人员。事实上，除非开发计划署能够如《千年发展目标报告》所建议的"退出与联合国其他部门重复管辖的'以部门为重点的政策和职能工作'"，或放弃对驻地协调员的人际网的管理，否则此问题将无法解决。

统一方案：联合国驻地协调员旨在主持单一的联合国会员国方案、项目等的开发。目前，由联合国代表组成的国家工作组起草了联合国开发援助框架结构，所谓的"单一方案"意在以此为基础，将来自不同联合国组织及工作组的方案整合在一起。联合国开发援助框架鼓励在国家级层面上进行更多的全系统战略规划。然而，此提议仍然是一个粗略的框架，而不是可以指导每个工作组扮演具体角色和制定详细可实施方法的详细方案。此外，该框架并不全面，因为它没有考虑到联合国在各个国家的所有活动，尤其对不在国家工作组中的非长驻组织的活动缺乏考虑。

统一预算：《千年发展目标报告》建议为每一个项目制定一套单独的预算。在实际操作过程中，一些国家工作组制定的是共同预算，仅概述了联合国发展援助框架不同项目所需的资源。这就使得这些联合国发展援助框架每年都要重新检查并调整。这是一种常用的调动资源的手段，一些国家使用此方法整合捐助资源，并称之为"统一基金"。

统一办事处：一个办事处不应该仅仅是容纳联合国在各个成员国组织的办公地点，还应该成为相互协调、联合办公的机构。有些国家实行同地办公，但在无法提供充分安全保障的地方，各办事处只能选择在不同地点进行办公。参与重大人道主义行动的组织，如世界粮食计划署和联合国儿童基金会，也选择单独的办公地点，以满足其更广泛的后勤需求。事实证明，联合管理同样是有问题的。联合国各组织，包括联合国基金会和开发计划署，都使用不同的业务管理软件（企业资源平台——ERP系统），因为最初这些管理软件是各部门自主采购的，不同的管理软件之间缺乏互通性和兼容性，运作流程也各不相同，难以实现联合管理。联合国发展集团已经开发了新的标准作业程序（SOPs），并已经得到了超过半数的开发计划署会员国的同意，标准作业程序将有助于更密切的业务协调。

除了"四个统一"之外，联合国驻各国的工作组一直在努力实现"一个声音"，确保各组织之间有更好的内部沟通、共同的政策和宣传立场。到2016年，联合国在佛得角成立了一个统一行动办事处。该办事处由1名派驻在开发计划署、儿童基金会和人口基金会的代表主持，由1个

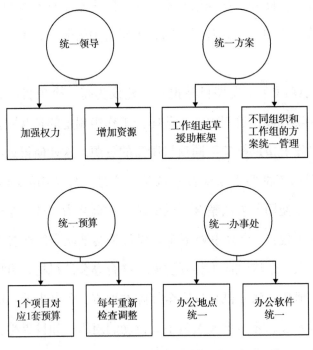

图7—1　2006—2016年联合国"四个统一"

综合规划单位、1 个公共运行单位和 1 个单独的管理平台来支持。联合
办事处制定了若干联合方案，由单一的成果框架和共同预算来支持。但
是，由于缺乏一个共同的业务平台，进一步的密切合作受到了阻碍，也
阻碍了工作人员对 3 个单位的行政系统、知识和专业平台的协同使用。

2006 年以来，仅有 8 个试点国家实施了"一体行动，履行使命"
及其"四个一"的方针，分别是阿尔巴尼亚、佛得角、莫桑比克、巴基
斯坦、卢旺达、坦桑尼亚、乌拉圭和越南。截至 2019 年，已经推广到
约 40 个发展中国家。至此，实施"一体行动"的国家数量增长了 4 倍，
是一个重要的里程碑。

2012 年，基于试点国家 5 年多的经验，联合国对"一体行动"在
地区级的经验进行了评估。积极的方面是，成员国的自主权与参与度获
得提升。系统改革后，各国的政府相关部门相较于过去更充分地参与到
项目中。而消极的方面则是在其他领域仅取得了"适度进展"或"几乎
没有进展"的结果。更为消极的是，原本办事处合并的一大主要动力是
节约财政开支，但评估结果表明，一体行动路线在总体上反而导致所需
人力和财政资源的成本大幅增加。①

此外，联合国系统外的观察员也加入了改革者行列。自 2010 年以
来，纽约市立大学研究生中心对未来联合国开发计划署项目开展了全球
调查，以便了解所有利益攸关方（尤其包括第三联合国），以期对开发
计划署应如何适应未来进行评估。

随着观察员机制的不断普及，2014 年的调查吸引了来自 150 个国
家的 3200 名受访者。在被问及联合国在不同职能方面的有效性时，被

---

① 参见 UN, *Evaluation of Delivering as One*, Summary Report, para.63。

调查者表示，主要是在于对人道主义救济和对维和行动的大力支持上，在这些方面上的举措已经遥遥领先于联合国其他的开发工作。对开发计划署来说，最有助于提高效率的 3 个因素是"对当地需要的反应""对国情的了解"和"专业知识的质量"。开发计划署被认为在卫生、教育、性别和人权这 4 个领域的成果最为突出，以上认知也从另一个方面为联合国改革提供了客观性的参考。另外，从民众的呼声中可以看出，在需要进行的变革中，以下几方面最为重要：更多地利用技术来削减成本和提高效率；更新不同组织的任务和活动；建立一个共同的、系统性的行政技术平台；联合国统一研究平台及资金来源。73%的受访者认为联合国有能力进行改革，但仍有 1/4 的受访者对改革持悲观态度。这项调查的另一个重要发现是所有专业领域内的受访者都一致认为联合国需要进行改革。这些具备专业水平认知能力的受访者除了来自非政府组织、私营部门和学术界外，还包括成员国政府和联合国的工作人员。

这一反馈表明，人们认为联合国开发计划署的缺点不仅仅是缺乏全系统的一致性，还存在竞争和能力问题。联合国发展系统在其早期的思想和行动方面，都处于领先地位，但随着整个发展合作领域的扩大，开发银行、双边机构、基金会、大学、研究机构和营利性咨询机构等都开始沉醉于自己的研究和业务。由于官僚主义的惰性和自给自足感，许多组织继续沿着同样的研究之路前行，并在几十年里固守着类似的项目，并未关注如何实现可持续的变革。虽然这个系统中仍然有一些成绩卓著的重要机构或中心，但更多的冗杂机构混淆了局势，某种程度上麻痹了联合国发展系统的更新意识。

在筹资方面，联合国开发计划署的价值近年来有所增长，主要是由于专用（非核心）资源的增加。然而，正如我们在第一章中所看到的那样，开发计划署的核心资源从 1999 年的 51% 下降到 2014 年的 30%。这大约占官方发展援助总额的 4%，其中，流向发展中国家的资源在其全部收入中所占的比例亦呈现出不断下降的趋势。资金支持依然是一个模糊不定的问题，如何平衡并促进各国互助、建立稳定的资金援助体系，仍然需要进一步的规划和沟通。

另一个问题是关于联合国组织有效性的质疑问题，虽然目前还没有衡量联合国开发计划署内部效能的科学尺度，但在 2014 年的全球基金一项调查中显示，开发计划署下设组织的民众认同率仅为 50%，而且认可程度差别很大，极不平衡。这一结果意味着开发计划署的许多组织被认为是"形同虚设"的。

令人惊讶的是，开发计划署为获取关于其运作情况的反馈，直到最近才开始对相关人员进行调查。同时，开发计划署还提出针对其他组织系统相关问题的解决方案，进而开始思考如何评估各地区的运行效果。2006 年《千年发展目标执行情况报告》进一步提出，要建立一个全系统独立的评估机制，以监视全系统目标的实现情况，并建议所有联合国组织应使用共同的方法同步开展审查。目前的审查机制仍在不断摸索和确立的进程中，这也意味着联合国需要更多的耐心去应对未知的变化和挑战。

第三节　联合国发展系统改革效果的评判

联合国改革之所以一直在曲折中前进，其中的一个重要原因是，在面对发展带来的新挑战时，联合国更倾向于创建新的机构以应对挑战，而不是延伸现有组织的任务期限，这样的结果往往导致新旧组织的权力发生重叠。① 例如，人口问题由原有的人口司和新建立的人口活动基金会（UNFPA）共同处理；而人口活动基金又非常积极地参与性别问题——这个问题许多其他的联合国组织也在参与，而这些领域也属于联合国妇女署的职权范围。再如，关于贸易的研究和资讯由日内瓦的2个组织（贸易发展会议和联合国贸易中心）和纽约的1个组织（联合国经济和社会事务部）进行运作，然而，联合国与贸易有关的最大的技术援助项目却属于总部设在维也纳的联合国工业发展组织，而且各组织之间的交流很少，与世界贸易组织（非联合国组织）的交流也很少。除了以上提及的人口、性别和贸易问题外，几个组织还在粮食安全、卫生、教育、水、能源、环境管理和其他问题等领域有交叠。随着机构的扩展，许多类似领域的工作只能依靠联合国内部的协调机制进行组织和协调，而召开相应的协调会议和建立协调机制又会浪费本就紧张的资源。其他机构的情况则更加杂乱无章，例如，全球移民小组共有21个联合国实体（包括5个联合国区域委员会）和国际移民组织参与。这个机构没有明确的领导，每年都更换机构主席。虽然表面上保持着统一，但如此庞杂的组织结构使这个机构看起来更像是信息交流论坛。这种现象普遍存在，甚至包括几乎所有联合国发展组织在内的联合国发展集团。联合国的旗舰改革方案——国家级的"一体行动"——虽然帮助应对了促进一致性和寻找解决方案方面的挑战，但其运营成本和交易成本一直居高不下。

联合国开发计划署驻地代表也曾经兼任世界粮食规划署和人口基金

---

① 参见王文：《联合国发展机制评析》，《外交评论》2001 年第 4 期。

会的地区负责人，但是在 20 世纪 80 年代以后，这些组织开始任命它们自己的代表，有各自的工作人员、办事处和行政机构。这些决定都是由联合国总部作出的，但是，联合国总部是基于行政角度进行考虑的，而非出于对协调效率的考虑。20 世纪 90 年代初，联合国在独联体国家设立了由单一联合国负责人组成的临时办事处，但这些统一的办事处无法维持。有些中心与区域委员会同地办公，但相互之间视为竞争对手。这样，区域协调就更为困难。一方面，开发计划署凭借其驻地协调员和发展集团主席的负责人身份承担其实施的角色，它率领监督联合国国家队工作的"地区主任团队"。另一方面，每个地区委员会（由每个地区最资深的联合国工作人员领导）又组织了一个"区域协调机制"，旨在"协调"不同的联合国地区方案。此外，不同的联合国组织之间也没有明确的区域定义。甚至各地区委员会提出的划分也不一致：2 个地区委员会（欧洲和亚太）均声称中亚国家的成员国在其管辖范围内。

因此，定期的改革尝试是对由于开发计划署日益发展而激增的上述情况的反应。多次的改革拥有一致的基础目标——增强凝聚力。但改革措施实际上既不能从根本上解决联合国分化问题，又不能在较长时期内为联合国铸就更强的凝聚力。那么为什么这种背离中心的分化趋向如此难以扭转呢？

变革需要激励措施。虽然联合国希望通过改革用更少的钱办更多的事：通过整合财务、人事、行政和通信系统以及合并组织来减少并行性和重复的问题。然而，无论是成员国组成的联合国，还是下属组织组成的联合国，都不是出于成本效益的动机，这才是形成上述顽疾的根本原因。

第一，联合国开发计划已经成为一个庞大的捐助网络。捐助国提供资金给它们的意向地区——通常是指那些接受它们的资源并且最容易通过指定用途来施加影响的国家，在他们喜欢的组织中保持影响力优先于对成本效益的关注。就项目（接收方）国家而言，面对一个以各种形式提供援助且有利可图的机构，他们对这个机构的精兵简政并不感兴趣——更何况这个机构本身就提供了潜在的就业机会。相比之下他们更希望的正是机构的扩张。千年发展目标框架是一个实质性的多边——双边投资方案。捐助方对千年发展目标框架的总体方向和管理方式的影响程度与其捐助的规模有关。例如西班牙提供了双边捐助中最大的一笔单一捐助，开发计划署和西班牙联合成立了一个指导委员会，负责基金和项目监督以及项目的最终批准。这种影响在最初选择的 59 个国家可以体现，国家数量有限，因此项目受益者也有限，这简化了基金的管理，但也将一些低收入国家（LICs）排除在外。

第二，联合国开发计划署是有意建立在部门专业化基础之上的。捐助国和受援国都愿意同本系统相关的部门对应合作：粮农组织的农业部、国际劳工组织的劳工部、联合国教科文组织的教育部、联合国环境规划署的环境部等等。无论整体发展方式的逻辑多么强大，他们都不希望看到这些部门的特征性被更密切的协调性所吞噬，他们将此看作是一种风险。因此，联合国改革可能会暴露各国政府内部的紧张局势，部门部委的立场可能不同于政府的官方政策。出于同样的原因，如果要进行改革，会员国更倾向于把重点放在对其偏好的组织的改革上，而不是放在整个系统的规模上。而且，开发计划署作为联合国发展系统的中心机构，提出的许多连续改革的方案大部分是出于其作为一个独立发展组织的角色而考量的，而不是基于其配角的地位考虑的。当然，这也是执行委员会的要求。

第三，联合国各成员国政府间的过度辩论不利于改革。在纽约，召开讨论的人员通常是各国外交部任命的常驻代表团的工作人员。这些国家的代表更可能以外交为着眼点，而不太可能是以发展（组织和管理）为着眼点的，他们考虑更多的也是各个国家或者地区的利益。国家间的利益冲突以及绑定其他议题一起讨论往往使得改革进程变得千头万绪，难以深入地进行下去。各国对联合国系统的改革往往从自身的利益角度出发，贫穷国家希望改革分配制度，发达国家则希望改革捐助制度，凡此种种，可以看到各国政府及驻联合国代表团工作人员更多的是通过地缘政治操纵下的模糊镜头来看待这些变革的，而不是根据其各自的优点来认识和讨论它们的。

第八章　联合国发展系统改革的中国应对

中国应在建立以联合国为核心的全球治理新框架中发挥重要作用。作为安理会的常任理事国，中国一直高度重视并承认联合国的重要地位和领导作用，支持联合国在维护世界和平、促进各国密切合作、推动共同繁荣发展中起到的作用。中国应积极发挥常任理事国的作用，一是要为新时期联合国的运作提供更多的创新理念作为支撑。近年来，中国提出"人类命运共同体"的理念、合作共赢的新科学发展观、超越零和博弈的新世界经济观与安全观等一系列新发展思想和政策主张，凡此都有助于为联合国加快推进改革、增强其政策权威性和国际效能、构筑新的全球治理理论框架体系提供政策理念和实践上的支撑。二是要承担大国责任。长期以来，中国积极组织参加联合国维和、发展、人权、气候变化等多个领域的国际活动，在一系列地区和国际热点问题上发挥了"负责任大国作用"。随着整个国际社会对中国的期望进一步提高，中国在维护和贯彻践行《联合国宪章》的宗旨原则、维护整个国际社会和平与安全和共同谋求发展等方面的责任愈发重大。三是要进一步加大发展中国家的产业扶持力度。中国作为最大的发展中国家、新兴经济体的领头羊、全球超大人口规模的新兴经济体，应运用自己不断扩大和快速增长的国际影响力，进一步维护发展中国家的整体和长远权益，在不断改善全球发展环境、帮助最不发达国家等方面不断作出更大贡献。应充分发挥国际中非双边合作高峰论坛、中国—拉共体合作论坛、中阿双边合作高峰论坛等新型国际多边合作机制的带动作用，与诸多发展中国家共同夯实战略合作基础、扩大战略合作活动范围、提高战略合作意识层次，特别要更深入地推广并贯彻落实"一带一路"倡议，为共同推动沿线发展中国家的经济发展、繁荣稳定作出积极贡献，推动其与全球发展中国家之间形成联系更加紧密的多边合作利益共同体。

第一节　健全中国方案

联合国通过改革来增强其应对内外部挑战的意识和能力、提高其在全球政治经济社会中的地位和水平，符合中国的利益及一贯的立场。新一轮政策改革，尤其是在对发展系统的供资方面的改革对中国参与联合国事务提出了新的要求。中国应积极参与联合国改革进程，在联合国平台上推动构建新型国际关系及人类命运共同体，在推进全球共识、引导全球治理理念等方面发挥建设性作用。

发展中国家身份是中国参与联合国改革的立足点。中国支持古特雷斯秘书长关于冲突和预防问题的改革思路——主张联合国积极推动预防外交。中国高度认可联合国在贯彻落实《2030 年可持续发展议程》中所扮演的重要角色，支持加强联合国各个支柱间的融合与协调。中国明确将自身定位为发展中国家，这尤其具体地表现在中国关于推进联合国改革的立场上：其一，中国提倡维护发展历程的发展属性，坚持减贫目标在 2030 年议程中的优先地位，中国认为应该努力确保发展合作的资源不被稀释，主张加大对经济领域的投入以增强所有国家的自我发展能力，并为持久和平创造条件。其二，中国始终坚持会员国的主导原则，认为所有的国家不论大小强弱都对自身的发展和生存拥有完全的主权，并根据自己的国情来选择未来发展的模式和途径。其三，针对一些发达国家有意抬高南南合作和三方合作的效果，回避甚至是转嫁出资的责任问题，中国强调了应始终坚持"共同但有区别的原则"，主张南北合作仍然是促进国际发展的主渠道，南南合作也是南北合作的有益补充。

在推进和平与安全两个领域及其管理模式的变革上，中国的立场同样体现出发展中国家普遍存在的共识。中国曾经强调维和行动必须要严格执行维和三原则，即中立、当事国同意、非自卫不使用武力，主张将政治解决置于优先地位，为维和行动提供明确、可行和聚焦的授权。中国认为联合国秘书长应被赋予适当的权威以便合理分配联合国的资源，同时也要确保隶属于联合国大会的方案和协调委员会、行政与预算问题咨询委员会能够在联合国的规划与预算工作中充分发挥作用。

联合国改革对中国提出了新要求。中国是世界上最大的发展中国家，在国际货币基金组织的改革中，中国始终坚持从其决策参与权、份额分配制度、平等表决权以及扩大特别提款权等方面来进行改革，以期能够更加有利于公正合理的国际经济新秩序的建立。此前，中国与许多发展中国家和其他新兴市场一样，在国际货币基金组织中也遭受了不公正的对待，至今，美国和欧洲一些国家仍然对中国等新兴经济体所要求的改革持有意见，并且阻碍其改革。2013 年 3 月，奥巴马政府拒绝增资影响国际货币基金组织的改革就是一个典型的例子。面对如此情景，中国应在国际货币基金组织改革的以下几点中不断发挥作用。第一，关于国际货币基金组织份额制度与投票权制度的改革方案，两者紧密相连。要调整份额，改革加权投票制，增加基本投票量，确定合理的表决形式，减少美国单方面的影响。第二，改革不合理的国际货币基金组织内部管理机制，增加发展中国家的份额和比例，增加其代表性，同时还可以大大提高国际货币基金组织的合法性和权威性。第三，关于国际货币基金组织应对危机职能的改革方案。首先，国际货币基金组织应该进一步提高危机预防能力，中国也要积极参与到其他相关的立法实施过程中，并支持扩大监督范围，对于更多金融机构和金融市场进行监管，提前察觉隐患，让这些危机在可能发生前得以消除。其次，应提高危机救援能力，国际货币基金组织的资金来源应做到多样化，缓解组织的资金压力，在面对危机时能够有更多的资金用于应对。

当今世界正经历百年未有之大变局，国际形势发生着复杂深刻的变化，像新冠肺炎疫情一样的全球性威胁和挑战层出不穷，各国的利益与命运息息相关，全球性威胁和挑战仍然需要强有力的全球性手段来应对，全球治理亟待创新。联合国作为当前全球经济社会治理最重要的平台，也需要积极地进行创造性改革，以进一步自我完善，更好地履行《联合国宪章》所规定的义务和职责，在思想观念、组织架构设立和运行模式等各个方面都能够适应全球治理的需求，继续成为世界和平的建设者、全球发展的奉献者、国际秩序的维护者，在后疫情时代继续发挥不可或缺的作用。

对此，习近平主席在联合国成立 75 周年纪念峰会上积极提出了宝贵的中国方案。在后疫情时代，联合国首先要主持公道。坚持各国共商共建共享，由各国共同维护普遍安全，共同分享发展成果，共同掌握世界命运。切实提高发展中国家在联合国的代表性和发言权，使联合国更加平衡地反映大多数国家利益和意愿。其次要严格厉行法治。毫不动摇地坚持和维护《联合国宪章》的宗旨与原则。用制度与规则来统筹协调各个国家的关系与利益。大国更应该带头成为国际法治的倡导者和捍卫者，遵信守诺，不搞任何例外主义，不搞双重标准，也绝对不能歪曲国际法，用其他的手段来侵害他国的正当权益、破坏国际和平稳定。再次要大力促进国际合作。不以意识形态划线，不搞零和游戏。要以对话代替冲突，以协商机制取代胁迫手段，以互惠共赢合作取代零和游戏，把本国的利益与各个成员国的共同利益结合在一起，努力扩大各成员国的利益汇合点。复次要聚焦行动。积极践行多边主义，以解决问题为出发点，以取得可视化成果为导向，平衡推进安全、发展、人权等事业，特别是要以落实联合国《2030年可持续发展议程》为契机，把应对公共卫生等非传统安全挑战作为联合国工作的优先方向，把发展问题置于全球宏观框架的突出位置，更加重视促进和保护生存权和发展权。

第二节　联合国与人类命运共同体

2011年《中国的和平发展》白皮书中第一次出现"人类命运共同体"的概念。2012年11月，党的十八大报告明确提出："人类只有一个地球，各国共处一个世界。""我们主张，在国际关系中弘扬平等互信、包容互鉴、合作共赢的精神，共同维护国际公平正义。"2013年3月23日，习近平主席在莫斯科国际关系学院的演讲中，首次提及"命运共同体"的基本概念，指出："这个世界，和平、发展、合作、共赢成为时代潮流……越来越成为你中有我、我中有你的命运共同体……面对国际形势的深刻变化和世界各国同舟共济的客观要求，各国应该共同推动建立以合作共赢为核心的新型国际关系，各国人民应该一起来维护世界和平、促进共同发展。"①此后，"人类命运共同体"理念频频出现在习近平主席的重要演讲和文章中。特别是 2015 年 9 月 28 日习近平主席在第 70 届联合国大会一般性辩论时发表的题为《携手构建合作共赢新伙伴　同心打造人类命运共同体》的重要讲话，他强调："和平、发展、公平、正义、民主、自由，是全人类的共同价值，也是联合国的崇高目标……当今世界，各国相互依存、休戚与共。我们要继承和弘扬联合国宪章的宗旨和原则，构建以合作共赢为核心的新型国际关系，打造人类命运共同体。"②2017 年 1 月，习近平主席在联合国日内瓦总部发表《共同构建人类命运共同体》的重要演讲，首次向国际社会阐释了共建人类命运共同体的理念。

2017 年 10 月，党的十九大报告 6 次提到"人类命运共同体"，提出"中国人民愿同各国人民一道，推动人类命运共同体建设，共同创造人类的美好未来"。2018 年 3 月，"坚持和平发展道路""坚持互利共赢开放战略""推动构建人类命运共同体"思想被载入国家根本大法。至此，"人类命运共同体"已从一个理念发展为具有丰富内涵、完整体系的思想，成为习近平新时代中国特色大国外交思想的重要组成部分。

"人类命运共同体"的思想是一个具有全局性、战略性、前瞻性的国际思想体系，是对国际共同体理念的重大发展，代表着对未来国际社会的信仰和追求。国家之间存在争端并不会成为构建国际共同体的障

---

① 《习近平谈治国理政》第一卷，外文出版社 2018 年版，第 272—273 页。

② 《习近平谈治国理政》第二卷，外文出版社 2017 年版，第 522 页。

碍，相反，可以成为国际共同体构建的推动力量，因为国家之间由于争端而有了进行更为深入交流和理解的机会。传统的国际法是西方中心主义的国际法，以维护国家利益为出发点，建立在零和博弈的基础上，以国际之间的对抗性为思想内核，以控制扩张为理论目标，而"人类命运共同体"思想指导之下的国际法理念则始终坚持文明之间的交流互鉴，以合作共赢为出发点和目标，以融合性作为其思想内核，以合作伙伴关系理论为目标，是中国对国际法发展的重要贡献。

"人类命运共同体"的基本内涵可以简单地概括为利益共同体与责任共同体：国际之间交往越频繁，安全、环境等全球性重大问题的边界就会越模糊。

"人类命运共同体"作为习近平新时代中国特色社会主义思想的重要内容和中国特色大国外交的重要目标，获得国际社会的广泛认同。2017 年 2 月 10 日，"构建人类命运共同体"理念在联合国社会发展委员会第 55 届会议通过的"非洲发展新伙伴关系的社会层面"中首次写入联合国决议，并在此后相继写入联合国安理会关于阿富汗问题的第 2344 号决议、联合国人权理事会关于"经济、社会、文化权利"和"粮食权"2 个决议、联合国大会"防止外空军备竞赛进一步切实措施"和"不首先在外空放置武器" 2 份安全决议等文件中。[1]"人类命运共同体"理念载入联合国的多项决议中，中国理念被国际社会广泛接受。"共同推动构建人类命运共同体"也开始出现在一些重要的双边政治宣言中，如 2018 年 6 月 8 日《中华人民共和国和俄罗斯联邦联合声明》、2018 年 6 月 10 日《上海合作组织成员国元首理事会青岛宣言》、2018 年 9 月 3

---

① 《人类命运共同体载入联合国多项决议，中国理念获国际广泛认同》，《青年记者》2017 年第 5 期。

日中非合作论坛《关于构建更加紧密的中非命运共同体的北京宣言》等。"构建人类命运共同体"思想已经得到国内和国际社会的高度认可，正在逐步向成为国际法基本原则的方向发展。

人类命运共同体思想具有丰富的法律内涵、明确的目标以及政策导向。大致来说，它包括三个不同维度的内容：第一，人类命运共同体代表全人类共同向往的美好社会愿景。第二，人类命运共同体是处理国际关系并进一步深化全球治理的一套政策主张和行动倡议。第三，构建人类命运共同体意味着致力于构建一种不冲突、无对抗、互相尊重、协商共赢的新型大国伙伴关系，倡导实现绿色、低碳、循环、健康可持续发展的生产生活方式。这是指引世界各国政府在应对世界性挑战时所采取的方略和指南，并且需要各国间的互信、谅解与合作。这些内容也是现代国际关系理论的创新和研究发展。而且，互相尊重主权和领土完整，禁止在一切国际关系中非法使用武力，不得干预他国内政，和平解决国际争端，促进国际经济合作等，是构建人类共同命运共同体的法律基础，对世界各国具有法律拘束力，需要各国严格遵守。

推动构建人类命运共同体与实现国际法治有着内在的必然联系。《联合国宪章》及 1970 年《关于各国依联合国宪章建立友好关系及合作的国际法原则宣言》、2005 年《世界首脑会议成果文件》等宪章性国际法文件所包含的国际法基本原则是现行国际秩序和国际法体系不可或缺的，也是人类命运共同体思想的重要组成部分。《联合国宪章》的宗旨和基本原则是我们构建人类命运共同体的重要基石，联合国和平、发展和人权事业是我们构建人类命运共同体的重要支柱。构建人类命运共同体与实现国际法治的内在必然联系体现在以下两方面：第一，《威斯特伐利亚和约》中所确立的平等和主权原则、《联合国宪章》明确的宗旨和原则、万隆会议所倡导的和平共处五项原则等，是指导国际关系的基本原则。在深入推进构建人类命运共同体中，也必然需要严格遵守这些原则。当今国际社会面对的挑战主要是全球金融、环境、难民等各种全球性危机，恐怖主义、气候变化、重大的可传染性人类疾病、网络安全等新形势威胁以及政治民粹主义、社会关系分裂、宗教之间对立和不同文明之间冲突等各种全球性新形势挑战。为了更好地应对这些挑战，打造人类命运共同体，中国率先提出了共商、共建、共享的新型全球治理理念，构建相互尊重、公平正义、协调发展、合作共赢的新型国际战略伙伴关系，亲、诚、惠、容的新型周边外交理念等倡导，这些都是对《联合国宪章》宗旨和原则的传承与创新。第二，打造人类命运共同体的道路与联合国工作重点有着高度契合。《联合国宪章》赋予联合国机构的主要职责就是保障国际和平安全与推动经济社会的发展。联合国系统是构建人类命运共同体的根本力量。联合国的6个主要组织和机构，在解决方案和基金等各个方面发挥作用，他们积极践行多边主义、应对全球挑战、解决世界性问题，是全球治理的主力军，也是构建人类命运共同体的基本力量。习近平主席提出："各国应该树立共同、综合、合作、可持续的全球安全观，树立合作应对安全挑战的意识。"[1] 合作、创新、法治、共赢，共同建设普遍安全的世界和人类命运共同体，这是实施全球安全治理的中国方案，也是应对全球挑战、解决世界性问题、实现全球可持续和平发展的有效途径。

从《联合国宪章》中我们可以清楚地看到，联合国的理念和观点、原则和行为规范、精神和道德价值与人类命运共同体的理念倡导具有一

---

① 习近平：《论坚持推动构建人类命运共同体》，中央文献出版社2018年版，第485页。

定的共通性。维持和平、推动社会发展、促进经济社会健康发展、保护人权，这是联合国事业的核心和宗旨，也是人类命运共同体的基础和支撑。首先，联合国和平事业等同于构建全球安全共同体。联合国成立以来，通过开展预防外交、调停斡旋、政治和平谈判和推进国际法治等工作来有效避免国际冲突的持续发生和加剧升级，通过设立安全理事会，实施维和行动，致力于共同构建全球安全共同体。其次，促进全球和平发展正在越来越多地成为联合国工作的重心。联合国发展事业始于4个"发展十年战略"，联合国发展系统也可以说是联合国系统中功能最大、机制范围最多的一个部分。自1960年始，联合国帮助和促进发展中国家的经济快速增长，并向发达国家和地区提供正式的官方发展援助。当前，联合国将继续推动和落实这一发展战略，推动"千年发展目标"实现，致力于打造全球发展共同体。联合国新发展议程即《2015年后发展议程》明确强调要促进经济、社会、环境的协调和经济全球化的可持续发展，要求发展中国家和发达国家共同参与，并强调要推动各国政府、私营部门、民间企业、联合国系统和其他利益攸关方共同建立健康型的全球经济发展战略伙伴关系，该议程为加快构建健康型的全球经济发展伙伴共同体找到了一条切实可行的发展道路。最后，联合国的人权事业等同于构建全球人权共同体。联合国通过制定国际人权法律文件、建立有关人权问题的专门组织、倡导人权思想和理念等方式，促进和维护人权，致力于在世界上建设一个全球性的人权共同体。

联合国在维护世界和平与发展及人权事业中，在维护国际秩序及全球性治理中处于核心地位，发挥主导作用。中国与联合国之间的合作将对人类命运共同体思想的推进和实践提供尤为重要的指示。中国与联合国合作以及构建新型国际伙伴关系，共建"一带一路"，是实现构筑人类命运共同体战略目标的重要途径。新型国际关系发展是在当前世界政治格局发生大变化、国际社会正面临新的政治挑战、国际秩序经历新改变的情况下，中国为了正确处理好新型国际关系而提出的发展战略理念和思路。中国与联合国合作共建"一带一路"具体体现在以下三个方面：一是与联合国《2030 年可持续发展议程》的对接。2015 年 9 月联合国发展峰会通过了《2030 年可持续发展议程》，该议程成为全球发展治理和国际发展合作的指导性文件。习近平主席在联合国发展峰会的讲话中也提出："共同走出一条公平、开放、全面、创新的发展之路，努力实现各国共同发展。"中国在推进"一带一路"建设、推动成立亚洲基础设施投资银行、开展周边合作、进行对外援助时，把共同发展作为行动的指南。"一带一路"的建设工作以实现可持续发展的核心思想和目标为依据，积极开展国际战略和机制的交流合作，主动组织和对接新经济发展议程的项目和活动，特别是在开发计划署的正确指导和协调帮助下，把"一带一路"的建设项目和措施与沿线各个地区、国家和其他地方人民政府的发展总体规划紧密地对接起来，落地生根。二是与联合国附属机构和其他专门组织开展合作。"一带一路"的建设不仅仅局限于经济贸易和对外投资的项目，还包含了大量的社会文化、教育、科学、健康等方面的合作和交流，这样我们就需要同联合国专门机构进行合作，使那些在世界范围内具有普遍价值和全球性意义的项目和行动能够实现专业化运营、本地化推广。三是充分运用"南南合作"这个战略框架与合作平台。联合国长期倡导的"南南合作"与中国倡导的"一带一路"之间能够优势互补，并能够相互扶持。"一带一路"为"南南合作"提供了新的动力；而"南南合作"也为"一带一路"建设合作提供了更加开放的多边化战略框架。

　　构建人类命运共同体，需要世界上所有国家的共同努力。为此，需要主动地做好全球人类命运共同体理念的对外解读，不断增信释疑、凝聚共识，推动它能够通过具体的国际准则来得到充分的体现与落实，使这一理念能够真正在世界范围内落地生根。这就要求我们用一种更高水平、更高格局来运筹国际法，在习近平新时代中国特色社会主义思想的统领下，服务于新时代中国特色的大国外交。我们要加强国际法对于全球整体性外交的指导和支持，切实增强在外交工作中的准则意识；要以构建人类命运共同体的思想观念为理论指引，全方位推进中国国际法理论创新；要更加主动运用国际法，落实"共商共建共享"理念，推进全球治理体系改革；要坚持立足新时代中国特色社会主义大国外交要求，不断探索创新国际法实践；还要积极以构建人类命运共同体的思想理念为基础和指导，为解决国际和地区的热点问题提出基于国际法的解决办法；要主动对外阐释中国国际法主张，用国际法语言讲好"中国故事"；要持续加强中国国际法人才的培养与发展以及智库队伍建设，努力培养代表中国的人类命运共同体理念的国际法叙事者和有影响力的贡献者。

　　突如其来的新冠肺炎（2022 年 12 月 26 日更名为新型冠状病毒感染）疫情以一种特殊形式告诫世人，人类是休戚与共的命运共同体，让世人更深刻体会到人类命运共同体理念的思想力量与时代价值。美国库恩基金会主席罗伯特·库恩在美国接受杂志采访时多次强调"新冠病毒的迅速传播和扩散，正让全世界人民深刻地认识到了人类命运共同体理念的现实意义""在我们这个动荡的年代，远见至关重要。每一个国家都应当认识到人类的共同命运"。站在联合国成立 75 周年的特殊历史节点，中国提出的构建人类命运共同体理念更加熠熠生辉。就像习近平主席在联合国 75 周年纪念峰会上的讲话中提到的："世界正站在一个新的历史起点上。让我们重申对多边主义的坚定承诺，推动构建人类命运共同体，在联合国旗帜下实现更大团结和进步。"① 在党的二十大报告中，习近平总书记再次强调："中国始终坚持维护世界和平、促进共同发展的外交政策宗旨，致力于推动构建人类命运共同体。"② 展望未来，中国将继续努力为联合国的发展和改革作出更大的贡献，推动全球治理体系朝着更加公平合理的方向发展，为整个世界贡献更多的中国方案，和其他民族国家一起继续努力推动和构建人类命运共同体。

第三节　健全国内国际人才流通

作为现行全球治理体系的主要参与者、建设者和贡献者，中国在引领当今世界全球治理体系制度的深刻变革、推动国际政治经济秩序朝着更加健康公平合理的正确方向开展等方面发挥着越来越重要的引导作用。特别是党的十八大以来，我国先后明确提出"一带一路"倡议、"共商共建共享"发展理念、建立新型国际战略伙伴关系和推动构建"人类命运共同体"四大思想，为不断加强全球治理、改革完善全球治理机制提供了中国智慧、贡献了属于中国的社会力量，赢得了来自国际社会的广泛认可和高度尊重。顺应当前形势，中国在国际上

---

① 《习近平在联合国成立 75 周年系列高级别会议上的讲话》，人民出版社 2020 年版，第 5 页。

② 习近平：《高举中国特色社会主义伟大旗帜　为全面建设社会主义现代化国家而团结奋斗——在中国共产党第二十次全国代表大会上的报告》，人民出版社 2022 年版，第 60 页。

的地位和在国际社会中的影响力不断提高，我国对于现代国际关系治理相关专业人才的培养需要日渐显现。首先是专业人才的需求数量和结构性问题，国际关系治理组织专业人才的供给仍然不足，特别是熟悉国际政治、经济、法律和公共行政管理的国际综合型、复合型高端治理专业人才严重缺乏；其次是在一些大型国际治理组织成员中的代表性问题，在国际组织中长期任职的中国籍职员仍然数量偏少，而且初、中、高级治理职务的人才分配层次结构也不相称。因此，为有效应对日趋激烈的国际竞争、更好地参与各类国际事务、推动构建"人类命运共同体"，需要培养一大批综合型、复合型从事国际关系治理工作的新型高端专业人才，代表中国参与各类国际事务，向世界讲好中国故事。

构建"人类命运共同体"的关键在于行动，行动的关键在于人才。构建"人类命运共同体"，推动国际治理结构变革，为国际社会发展提供更多中国智慧、贡献中国力量，需要培育一大批既能够熟悉中国国情、又能够熟知国际规律的综合型、复合型国际治理专业技术人才，以承担更多的国际义务和责任，满足国际社会对中国的期望。目前，我国虽然已经在系统地培养国际化人才和国内外治理专业人才方面作出了很多努力，取得了一些实质性的进展，但是系统培养国际化治理专业人才的工作起步较晚，相关领域和专业的建设力度亟待加大，相关学科建设有待加强。同时，目前我国在各个国际贸易组织机构中的国际代表性严重不足、中国籍的大型企业和政府工作人员比较少的情况与中国在国际社会的地位和影响力不相匹配。2016 年 1 月，国际货币基金组织的中国份额投票制度结构改革正式投入生效，中国的份额投票权已经逐步上升至 6.394%，仅次于美国和日本，但中国籍雇员的人数在 200 人左右，相较于美国超过 1/3 的雇员人数，还有较大的缺口。国际组织的领导者和相关工作人员，尤其是主要的市场经营者和企业管理层，掌握着相关的专业信息技术和信息基础材料，对现实情况能够进行专业评估并给出专业意见和政策建议，同时也可能会直接影响到各个领域国际贸易问题谈判议程的正确制定，对于如何促进整个国际贸易组织的正常运行发展起到了重要指导作用。而且，很多重大国际规则的理论制定和研究形成都是基于相关国际组织的研究和协调，很难想象一个没有任何中国国家代表参与的国际研究工作团队能够提供一个反映中国具体国情、共同利益的具有规则性的国际意见和政策建议。因此，加速推进全球国际经济治理相关专业人才，努力为全球国际治理组织机构输送更多中高端的全球国际经济治理相关专业人才，是我国目前推动全球治理体系改革、构建"人类命运共同体"的重中之重。加速培养综合型、复合型国际治理人才是我国推动构建"人类命运共同体"、主动参与和塑造全球治理体系的基础和不竭动力。积极向国际社会培养和输送高端专业人才，不仅仅是争取国际话语权、保护我国合法权益的需要，而且也是一个负责任大国为国际社会多作贡献的需要。

近年来，我国高度重视对国际组织专业技术人才的培训与推送，一方面是为了适应全球治理及其国际化需要，另一方面也是为了解决联合国和国际组织中中国籍专业技术职员代表性较低的问题。在国际组织的人才培养和推送工作的实践中，我国已经形成了"政府—高校—社会"三方结合的路径与模式。当下，无论是联合国机构的落户还是国际组织的人才的培养和推送，我们都有必要加强顶层设计和各方协调，制定切实可行的策略，创新工作思路和途径，以期取得更好的进展和成效。

第四节　新形势下中国如何参与国际多边发展援助

联合国融资机制的改革及国际经济发展的融资新趋势将会对中国在国际上参与多边经济发展援助产生影响，相关的改革很有可能会给中国带来一定的机遇，但同时还有可能会给中国带来一些挑战。在这种新形势下，我们必须要更加深入地研究联合国融资机制的改革和国际经济发展的融资新趋势，顺势而为，既要积极主动地参与，善用契机，又必须稳妥地推进，防范风险。

第一，中国近年来在向众多国际社会发起的对外援助和直接对外投资两个领域贡献突出，已经在"一带一路"等由众多国际发达国家组成的合作框架下形成了中国政府直接援助、参加和参与建立多边合作机制、开发性经济组织和大型金融机构的直接对外融资、国有和民营企业"走出去"、社会各界积极参与国际重大公益经济事件、金融市场对外开放等一个系列的全方位、多层次参与国际发展融资的支持体系。联合国系统对与中国合作的客观需求将上升，而同时中国也可顺势而为，增强其在多边合作发展以及救灾应急援助合作领域中的国际动员管理能力和国际社会影响力。

第二，顺应当前国际国内发展经济援助和对外投资的发展趋势，创新和开拓多种用于中国在国内外发展经济援助投资领域的国际战略合作投资途径。除了双边性的融资渠道外，也包括各种金融融资产品。这些金融融资产品可以积极地帮助探索和推动各种企业融资服务方式进行创新，其主要包括国家可持续发展投资基金、国家重点可持续发展投资基金、国家可持续发展基金风险投资基金、社会最具影响力企业债券等各种国际创新型的金融融资产品。这些金融融资产品能够汇集国际性金融组织、多边经济发展基金机构、国际性的民间和私营部门等社会力量，使之共同参与开展经济发展和企业融资领域的合作。

第三，兼顾国民经济对外发展资金援助和经济、社会、教育、民生等重大领域的对外发展资金投资，增强中国在推进全球"硬件"和"软件"体系建设过程中的国际影响力。近年来，国际经济发展的科技融资在全球生态环境、教育、卫生保健医疗、文化、科技质量标准和工业综合技术运用等各个领域贡献较大，社会经济民生关键领域的技术创新尤为活跃；"软件"体系建设的国际资金使用量相对低于"硬件"体系建设的国际资金使用量，但这直接关系到了融资受援国的社会民生，对于树立中国在构建国际经济发展融资援助体系中的国际形象、加强"民心相通"的体系建设工作有着十分重要的意义，中国也在努力加强这一方面的建设工作。通过此次联合国多边领域融资合作机制的重大改革，"软件"产业领域的融资国际合作组织势必更加具有积极的推动力，提升其国际融资服务能力，加强国内外融资合作，将为加强联合国在"软件"融资领域的多边合作发展方面的国际影响力提供新的契机，有利于不断增强包括中国在内的各国的国际"软实力"。

第四，审慎处理联合国发展体系改革过程中可能遇到的问题，预防联合国参与发展救济的风险，增强其防范风险的能力。联合国关于发展全球化系统的改革虽然仅仅是一次局部性的改革，也仍然有许多困难和风险。对此，要在全球化改革中重新调节权力结构，充分协调各方权益，取得广泛共识；要通过改革把自己的资源调度权、协调权都收回给联合国，这样就有可能使一些原本分散在各种专门组织机构和工程项目之间的利益矛盾得以集中体现；要在集中了资源之后又提高资源的使用透明性，否则一旦发生疑问，曝光率和受到影响的范围就会有所扩大；要协调大国之间利益均衡的问题，尤其是主要的大国和区域性强国在各种专门组织机构及领域内的立场差异问题，联合国在进行协调之后，可能在一些具体的工作上还会面临着协调大国的立场等较为复杂的问题。

结　语

　　根据《联合国宪章》，联合国的两大职能之一是"促成国际合作，以解决国际间属于经济、社会、文化及人类福利性质之国际问题"。这一规定是联合国进行发展活动的法律依据，也是联合国发展观念的理论出发点。

　　70多年来，联合国为实现《联合国宪章》中的发展宗旨及其本身的内外治理，连续实施了不同的发展战略以适应国际形势的变化，并因此形成了自己的发展思想、架构和方式。联合国发展系统建立了组织架构和援助体系，设计了以联合国大会和联合国经社理事会为中心的网状运行机构。在联合国大会和联合国经社理事会下又下设了不同职能的专门机构。这些机构有些附属于经社理事会，有些机构由于建立时间早而形成了自主管理的传统，这些独立管理机构按年向经社理事会提交报告，但是两类机构都接受联合国的监督与协调，在开展发展活动时，其经费筹措来源于常规经费预算和扩大援助技术基金。

　　当前，全球化发展进程不断深化，包括联合国在内的许多国际组织也成为国际关系不可或缺的行为体。近年来，随着全球财政赤字现象的加剧，联合国及其内部系统的职能作用将日趋显著。2019年3月26日，习近平主席在巴黎出席中法全球治理论坛并发表重要讲话。针对治理赤字、信任赤字、和平赤字和发展赤字带来的全球性挑战，习近平主席提出要破解这"四大赤字"需秉持公正合理、互商互谅、同舟共济、互利共赢四大理念。这四大理念在全球治理和改革问题上具有思想引领的重大意义，它在无声地向世界传达这样一种信念，即中国的所作所为与联合国的发展目标是高度一致的，亦得到联合国的赞誉与支持。目前，以中国为代表的非西方的发展中国家虽欠缺直接主导联合国议程的权利，但从长远看，联合国终将是中国参与甚至引导全球治理最重要的平台。这一观念无疑与目前国际形势遥相呼应，既强调了全球治理这一趋势迫在眉睫，亦凸显了联合国在全球发展进程中的重要媒介作用。联合国的全球治理能力的提升体现在构建国际经济新秩序、满足世界公民就业需求、生态环境可持续发展以及人类个体发展等方面，促进了社会与全球的发展，联合国的协调中心地位为构建新型国际关系提供了现实条件。

　　作为全世界所有发展行为体的中心和领导，联合国经社理事会的作用至关重要，作为执行者和协调中心，它的工作是改革的重点和目标。随着世界形势和各国发展情况的不断变化，联合国对发展的认识加深，关于发展的观念也在不断变化。20 世纪中期，联合国的 4 个十年发展战略反映了联合国发展观念的演变，1991 年制定的《人类发展报告》以及 1997 年制定的《联合国发展纲领》对联合国发展理念进行了进一步的丰富。到 21 世纪初，由 189 个国家签署的《联合国千年宣言》对联合国的发展目标进行了承诺。2015 年，联合国发展峰会 193 个成员国共同达成了成果性文件《2030 可持续发展议程》及其对应的 17 个可持续发展目标和 169 个具体目标，涉及的领域更加广泛、具体，并将发展理念转化为务实举措和具体行动。

联合国的发展理念及其开展的发展活动有其明确的思路、目标、优先发展项目及机制。近年来其发展活动及机制的创新使联合国的发展活动发生了较大的变化，联合国发展系统以联合国大会和经社理事会为核心，超越现有援助范围，平衡国家绩效，充分发挥经社理事会下的开发计划署的职能和作用，在国际合作的关键发展机制层面发挥了积极的协调作用。然而，经社理事会作为发展系统的中心，仅有协调执行功能，其中心的协调作用不断受到挑战，其监督和协调的职能逐渐削弱。因其具有先天缺陷，联合国对发展系统不断进行改革。纵观发展系统的改革，或增设机构或撤销机构，除了对经社理事会程序的改革外，其他实质性的改革并未全面展开。因此，未来联合国发展系统有必要通过提供合作平台、设置合作议程以及创新合作理念等方式，潜移默化地影响合作各方，从而形成合作共识。同时，联合国发展系统应充分发挥多边场合中的双边和小多边机制的灵活性优势，加强合作中主要国家和实体的利益协调和立场调整，从而为整体合作扫清障碍。

总而言之，联合国拥有世界上最直接、最丰富的处理发展问题的经验，拥有一个覆盖世界信息的最广泛的网络和一个联合的、公正的发展合作渠道。联合国在全球发展领域的可持续发展理念，发挥了持续而强劲的影响力，不仅引领当前的全球发展议程，也对主权国家内部治理产生了深远的影响。我们期待联合国发展系统的改革取得突破性进展。

主要参考文献

钱文荣：《论联合国改革》，《现代国际关系》2004 年第 9 期。

曹坳程、王秋霞、李园等：《中国溴甲烷行业履行〈关于消耗臭氧层物质的蒙特利尔议定书〉的成效》，《农药市场信息》2019 年第 10 期。

段学品：《国际联盟布鲁斯报告分析——兼论国联的经社机构》，《湖北行政学院学报》2008 年第 6 期。

何佩德：《UNDP 联合国开发计划署》，《中国减灾》2015 年第 17 期。

王联：《联合国与世界经济发展》，《世界知识》1995 年第 18 期。

王文：《联合国发展机制评析》，《外交评论》2001 年第 4 期。

王文：《联合国四个发展十年战略评析》，《国际论坛》2001 年第 3 期。

魏彦强、李新、高峰等：《联合国 2030 年可持续发展目标框架及中国应对策略》，《地球科学进展》2018 年第 10 期。

邢爱芬、李一行：《论人权普遍定期审议机制的补充性及我国的应对》，《法学杂志》2015 年第 8 期。

徐本磊：《两种发展观的简单比较与思考——读阿玛蒂亚·森的〈以自由看待发展〉有感》，《学理论》2011 年第 3 期。

张贵洪：《联合国与新型国际关系》，《当代世界与社会主义》2015 年第 5 期。

张丽华、王硕：《〈联合国反腐败公约〉视角下国际反腐合作机制分析》，《理论探讨》2018 年第 2 期。

Acemoglu D. and Robinson J. A., *Why Nations Fail: The Origins of Power*,

Prosperity and Poverty, London: Profile Books, 2012.

Alnasser N. A., *A Year at the Helm of the United Nations General Assembly*, New York: NYU Press, 2014.

Bisbee J. H., J. R. Hollyer, B. P. Rosendorff, et al., "The Millennium Development Goals and Education: Accountability and Substitution in Global Assessment", *International Organization*, Vol.73, No.3, 2019.

Browne S. and Laird S., *The International Trade Centre*, London: Routledge, 2011.

Browne S. and Weiss T. G., *How Relevant are the UN's Regional Commissions?* FUNDS Project Briefing No.1, New York, February, 2013.

CarfI D., Donato A., Schiliro D., "Coopetitive Solutions of Environmental Agreements for the Global Economy after COP21 in Paris", *Journal of Environmental Management*, Vol.249, 2019.

Chin G., Quadir F., "Introduction: Rising States, Rising Donors and the Global Aid Regime", *Cambridge Review of International Affairs*, Vol.25, No.4, 2012.

Dawes P. and Pye A., "Protocol for the Development of Versions of the Montreal Cognitive Assessment (MOCA) for People with Hearing or Vision Impairment", BMJ open, Vol.9, No.3, 2019.

Future UN Development System (FUNDS) Project, *Fact Book on the UN Development System*, Geneva, November 2010.

Gold L. and Connolly E., "Development and the United Nations: Achievements and Challenges for the Future", *Irish Studies in International Affairs*, Vol.24, Iss.4, 2006.

Holland-Cunz P. B., Ruppert S. U., "Our Global Neighbourhood", *Frauen Politische Chancen Globaler Politik*, 2002.

Independent Commission on International Development Issues, *North-South: A Programme for Survival*, London: Pan Books, 1980.

Joint Inspection Unit, *Office of Projects Execution of UNDP*, Geneva: UN, 1983.

Jolly R., Emmerij L., Ghai D., et al., *UN Contributions to Development Thinking and Practice*, Bloomington: Indiana University Press, 2004.

Jolly R., Emmerij L., Weiss T. G., et al, *UN Ideas That Changed the World*, Bloomington: Indiana University Press, 2009.

Keeneleyside H., *Who was The Director of the UN's Technical Assistance Administration*, International Aid: A Summary, Canada, 2010.

Lomborg B., "Promises to Keep: Crafting Better Development Goals", *Foreign Affairs*, 2014.

Michaelis J. and Debus M., "Wage and Unemployment Effects of an Ageing Workforce", *Journal of Population Economics*, Vol.17, 2011.

Murphy C. N., *UNDP:A Better Way*, Cambridge: Cambridge University Press, 2006.

Poku N. K., J. Whitman, "The Millennium Development Goals and Development after 2015", *Third World Quarterly*, Vol.32, No.1, 2011.

Reichert E., *Challenges in Human Rights: A Social Work Perspective*, New York: Columbia University Press, 2007.

Robert W., "The Art of Power Maintenance: How Western States Keep the Lead in Global Organizations", *Challenge*, Vol.56, No.1, 2013.

Schneebaum S. M., "The New Sovereignty: Compliance with International Regulatory Agreements", *The George Washington Journal of International Law and Economics*, 1995.

Charles I. Schottland, Issues Bofore the UN Social Commission, Social Work Journal, Oxford 1955 (36).

Olaw Stokke, *The UN and Development*, Indiana University Press, Indian, 2009.

Streeten P., "Foreword" in Mahbubul, *Haq, Reflections on Human Development*, New York: Oxford University Press, 1995.

Taylor I. and Smith K., *United Nations Conference on Trade and Development (UNCTAD)*, London: Routledge, 2007.

John Trent Laura Schnurr, *A United Nations Renaissance*, Barbara Budrich Publishers, Germany, 2018.

UN, A Study of the Capacity of the United Nations Development System ("The Capacity Study"), Geneva: UN, 1969, DP/5.

UN, Declaration on the Establishment of a New International Economic Order, GA Resolution 3201 (S-VI), 1 May 1974.

UN, Development Decade, A Programme for International Economic Cooperation, General Assembly resolution 1710 (XVI) .

UN, ECOSOC Resolution 222 (IX) Economic Development of Under-developed Countries, New York: UN, August 1949, Annex I, Participation of Requesting Governments.

UN, Evaluation of Delivering as One, Summary Report, New York, 2012, p.63.

UN, GA Resolution 1240 (XIII), New York : UN, October 1958.

UN, GA resolution 3201 (S-VI) and 3202 (S-VI), New York: UN, 1 May 1974.

UN, GA resolution 3362 (S-VII), New York: UN, 16 September 1975.

UN, GA solution 3201 (S-VI) and 3202 (S-VI), New York: UN, 1 May 1974.

UN, International Covenant on Civil and Political Rights, General Assembly Resolution 2200A (XXI) of 16 December, 1966.

UN, International Development Strategy for the Second United Nations Development Decade, General Assembly resolution 2626 (XXV) .

UN, Millennium Declaration (Resolution A/55/L.2), 8 September 2000.

UN, Monterrey Consensus on Financing for Development, Report of the International Conference on Financing for Development, Monterrey, Mexico (Document A/CONF. 198/11), 18—22 March 2002, Chapter 1, resolution 1, annex.

UN, Report of the World Summit on Social Development, UN document A/CONF.166/9, 19 April 1995.

UN, The Future We Want, Outcome document of the UN Conference on Sustainable Development（Document A/ RES/66/288）, June 2012.

UN, The History of UNCTAD 1964—84, New York: UN, 1985.

UN, Transforming Our World: The 2030 Agenda for Sustainable Development（GA Resolution A/RES/70）, New York: UN, 25 September 2015.

UN, Transforming Our World: The 2030 Agenda for Sustainable Development, GA Resolution A/RES/70/, 25 September 2015.

UNDP, Human Development Report 1990, New York: Oxford University Press, 1990.

UNDP, Report of the Governing Council, enth Session（9-30 June 1970）, 70/34 and Eleventh Session（14 January—2 February 1971）, 71/14.

United Nations dictionary, Action Plan for the Implementation of the Declaration in the 1990, Document A/RES/66/288, June 2010.

US Department of State Bulletin, Washington D. C., 30 January 1949.

Voituriez T., Giordano T., Bakkour N., et al., *Financing the Post-2015 Sustainable Development Agenda*, New Dhli: TERI, 2015.

Ziai A., "The Millennium Development Goals: Back to the Future", *Third World Quarterly*, 2011, 32（1）.

一般参考文献

陈鲁直、李铁城:《联合国与世界秩序》,北京语言学院出版社 1993 年版。

戴轶:《论人类命运共同体的构建:以联合国改革为视角》,《法学评论》2018 年第 4 期。

董亮、张海滨:《全球环境与卫生的关联性:政策响应与制度构建》,《中国卫生政策研究》2015 年第 7 期。

郭日生:《全球实施〈21 世纪议程〉的主要进展与趋势》,《中国人口·资源与环境》2011 年第 10 期。

黄德明、卢卫彬:《国际法语境下的"人类命运共同体意识"》,《上海行政学院学报》2015 年第 4 期。

黄瑶:《国际组织责任规则与国家责任规则之比较》,《法学评论》2007 年第 2 期。

蒋安全、李志伟:《联合国发布〈中国生态文明战略与行动〉报告》,人民网 2016 年 5 月 27 日,见 http://world.people.com.cn/n1/2016/ 0527/c1002-28383245. html。

蒋圣力:《联合国维持和平行动法律问题研究》,法律出版社 2019 年版。

肯尼斯·华尔兹:《国际政治理论》,上海人民出版社 2003 年版。

联合国教科文组织统计研究所:《2009 年联合国教科文组织文化统计框架》,2011 年中国文化产业发展报告。

联合国可持续发展大会中国筹委会:《中华人民共和国可持续发展国家报

告》，人民出版社 2012 年版。

刘伟：《探索国际公共政策的演化路径——基于对全球气候政策的考察》，《世界经济与政治》2013 年第 7 期。

潘基文：《2030 年享有尊严之路：消除贫穷，改变所有人的生活，保护地球》，联合国网站，见 http://www.un.org/en/ga/ search/view_doc.Sap?Symbol=A/69/700&referer。

潘家华、陈孜：《2030 年可持续发展的转型议程：全球视野与中国经验》，社会科学文献出版社 2016 年版。

彭斯震、孙新章：《后 2015 时期的全球可持续发展治理与中国参与战略》，《中国人口·资源与环境》2015 年第 7 期。

盛馥来、诸大建：《绿色经济：联合国视野中的理论、方法与案例》，中国财政经济出版社 2015 年版。

宋云博：《人类命运共同体建构下"国际德治"与"国际法治"的融合互动》，《政法论丛》2018 年第 6 期。

孙新章：《对全球可持续发展目标制定中有关问题的思考》，《中国人口·资源与环境》2012 年第 12 期。

孙新章：《中国参与 2030 年可持续发展议程的战略思考》，《中国人口·资源与环境》2016 年第 1 期。

唐孝炎：《环境保护与可持续发展》，高等教育出版社 2004 年版。

王虎华、蒋圣力：《联合国安理会决议造法的国际法思考》，《时代法学》2015 年第 6 期。

王珊：《法国和意大利文化遗产保护的经验与启示》，《华北电力大学学报（社会科学版）》2015 年第 2 期。

王伟中：《〈中国 21 世纪议程〉：迎接挑战的战略决策与实践探索》，《中国科学院院刊》2012 年第 3 期。

王伟中：《国际可持续发展战略比较研究》，商务印书馆 2000 年版。

王毅：《中国可持续发展战略报告》，科学出版社 2006 年版。

王泽应：《论构建人类命运共同体的伦理意义》，《北京大学学报（哲学社会科学版）》2017 年第 4 期。

王子川：《试评联合国发展体系的活动》，《国际经济合作》1986 年第 1 期。

温家宝：《共同谱写人类可持续发展新篇章——在联合国可持续发展大会上的演讲》，《人民日报》2012 年 6 月 21 日。

《习近平谈治国理政》第一卷，外文出版社 2018 年版。

《习近平谈治国理政》第二卷，外文出版社 2017 年版。

习近平：《论坚持推动构建人类命运共同体》，中央文献出版社 2018 年版。

《习近平在联合国成立 75 周年系列高级别会议上的讲话》，人民出版社 2020 年版。

小约翰·柯布：《中国的独特机会：直接进入生态文明》，王伟译，《江苏社会科学》2015 年第 1 期。

徐进、刘畅：《中国学者关于全球治理的研究》，《国际政治科学》2013 年第 1 期。

薛澜、翁凌飞：《中国实现联合国 2030 年可持续发展目标的政策机遇和挑战》，《中国软科学》2017 年第 1 期。

薛澜、俞晗之：《迈向公共管理范式的全球治理——基于"问题—主体—机制"框架的分析》，《中国社会科学》2015 年第 1 期。

薛澜：《促进全球可持续发展的三大支柱》，《求是》2015 年第 19 期。

燕继荣：《协同治理：社会管理创新之道——基于国家与社会关系的理论思考》，《中国行政管理》2013 年第 2 期。

杨晓华、张志丹、李宏涛：《落实 2030 年可持续发展议程进展综述与思考》，《环境与可持续发展》2018 年第 1 期。

意娜：《"联合国 2030 可持续发展议程"下的国际文化创意产业发展趋势》，《广东社会科学》2016 年第 4 期。

周安平：《人类命运共同体概念探讨》，《法学评论》2018 年第 4 期。

周海林、郭朝先：《"中国发展"影响力的一种解读》，《中国人口·资源与环境》2011 年第 10 期。

朱云汉：《王道思想与世界秩序重组》，《中国治理评论》2012 年第 2 期。

诸大建、陈海云、许杰等：《可持续发展与治理研究——可持续性科学的理论与方法》，同济大学出版社 2015 年版。

诸大建：《世界进入了实质性推进可持续发展的进程》，《世界环境》2016 年第 1 期。

曾贤刚：《二氧化碳减排的经济学分析》，中国环境科学出版社 2011 年版。

《"里约 +20"峰会》，联合国网站 2012 年 12 月 31 日，见 http://www.un.org/zh/sustainab1efuture/。

《关于 2030 年可持续发展议程的最新情况》，联合国网站 2015 年 9 月 27 日，见 https://sustainabledevelopmentun.org/ post2015。

《可持续发展目标各项指标机构间专家组的报告》，联合国经济及社会理事会，统计委员会第四十八届会议，2017 年 3 月 7 日至 10 日。

联合国新闻部编：《联合国手册》（第十版），中国对外翻译出版公司 1988 年版。

Abbott K.W., Snidal D., *The Governance Triangle: Regulatory Standards Institutions and the Shadow of Thestate*, Princeton and Oxford: Princeton University Press, 2009.

Abbott, K.W., "Strengthening the Transnational Regime Complex for Climate Change", *Transnational Environmental Law*, Vol.1, 2014.

Alexander Y., *International Technical Assistance Experts: A Case Study of the UN Experience*, New York: Praeger, 1966.

Araral, E., "Ostrom, Hardin and the Commons: A Critical Appreciation and a revisionist view", *Environmental Science & Policy*, Vol.36, 2014.

Blelloch D., *Aid for Development*, London: Fabian Society, 1958.

Bourgon J., *A New Synthesis of Public Administration: Serving in the 21st Century*, Canada: McGill-Queen's University Press, 2011.

Brown L R., *Plan B 4.0: Mobilizing to Save Civilization*, New York: Earth Policy Institute, 2009.

Browne S., *Aid and Influence: Do Donors Help or Hinder?*, New York and London: Earthscan, 2006.

Browne S. and Laird S., *The International Trade Centre*, London: Routledge, 2011.

Browne S., *United Nations Industrial Development Organization*, London: Routledge，2012.

Cavagnaro E., Curielg., *The Three Levels of Sustainability*, Sheffield: Greenleaf Publishing，2012.

Craig N. Murphy，*The United Nations Development Programme: A Better Way?*, Cambridge: Cambridge University Press，2006.

Daly H. E.，*Beyond Growth*, Boston: Beacon Press，1996.

David Mitrany，*A Working Peace System*, Chicago: Quadrangle Books，1966.

Diethelm，Jerry，*Doughnut Economics: Seven Ways to Think Like a 21st Century Economist*, Random House Business 2016.

Dorsch，M.J.，C.Flachsland，"A polyce Ntric Approach to Global Climate Governance"，*Global Environmental Politics*, Vol.2，2015.

Ellwoodw，*The No-Nonsens Guide to Growth and Sustainability*, Oxford: New Internationalist，2014.

Eurodad，World Bank and IMF Conditionality，*A Development Injustice*, Brussels: European Network on Debt and Development，2006.

Hans Singer，"The Distribution of Gains between Investing and Borrowing Countries"，*American Economic Review*, Vol.40，No.2，1950.

Hugh Keeneleyside，*Who was the Director of the UN's Technical Assistance Administration*, International Aid: A Summary，164.

IISD（International Institute of Sustainable Development），"Summary of the United Nations Conferenceon Sustainable Development: 13-22 June 2012"，*Negotiations Bulletin*, Vol.27，No.51，2012.

International Evaluation Group，The World Banks' Involvement in Global and Regional Partnership Programs[R/OL]［，2018-07- 05］，https://www.oecd.org/derec/worldbankgroup/48296274.pdf.

John Burley and Stephen Browne，"The United Nations and Development: From the Origins to Current Challenges"，in Dan Plesch and Thomas G.Weiss，*Wartime Origins and the Future UN*, London: Routledge，2015.

John Toye and Richard Toye, *The UN and Global Political Economy: Trade*, *Finance and Development*, Bloomington: Indiana University Press, 2004.

Kenny C., Dunning C., *What is the point of the post-2015 agenda?*[R/OL], [2018-06-21], https://www.cgdev.org/blog/ what%E2%80%99s-point-post-2015-agenda.

Keohane, R.O., *International Institutions and State Power: Essaysin International Relations Theory*, Boulder: Westview Press, 1989.

Keohane R.O., Victor D.G., "The Regime Complex for Climate Change", *Perspectives on politics*, Vol.9, No.1, 2011.

Kim, R. E, "The Nexus Between International Law and the Sustainable Development Goals", *Comparative & International Environmental Law*, Vol.25 No.1 (2016).

League of Nations, *The Development of International Cooperation in Economic and Social affairs*, Report of the Special Committee Official No.: A.23.1939, Geneva, 1939.

Mahyar Nashat, "National Interests and Bureaucracy versus Foreign Aid", *Netherlands International Law Review*, Vol.27, No.2, 1980.

Mauerhofer V., "3-D sustainability: An Approach for Priority Setting in Situation of Conflicting Interests Towards a Sustainable Development", *Ecological economics*, Vol.64, No.3 (2008).

Mazower M., *Governing the World: The History of an Idea*, London: Penguin Books, 2012.

Mordasini M, "Implementing Global Public Policies: Are the Aid Agencies Walking the Talk?", *International Development Policy: Aid*, *Emerging Economies and Global Policies*, London: Palgrave Machmillan, 2012.

Morgan P., Technical Assistance: Correcting the Precedents, *Development Policy*, New York: UNDP, 2002.

Ostrom, E., "A Multi-scale Approach to Coping with Climate Change and Other Collective Action Problems", *Solutions*, Vol.2, 2010.

Patricia Clavin, *Securing the World Economy: The Reinvention of the League of*

Nations，Oxford: Oxford University Press，2013.

Persson A.，Weitz N.，Nilsson M，"Follow-up and Review of tlie Sustainable Development Goals: Alignment vs. Internaliza- tion"，*Review of European Comparative & International Environmental law*，Vol.25，No.1，2016.

Raul Prebisch，*The Economic Development of Latin America and its Principal Problems*，New York: UN，1950.

Raustiala K.，Victor D.G.，"The regime Complex for Plant Genetic Resources"，*International Organization*，Vol.58，No.22004.

Rist G.，*A History of Development*，New York: Zed Books，1997.

J.，Steffenw，Noone K.，et al.，"A Safe Operating Space for Humanity"，*Nature*，Vol.461，No.24（2009）.

Rosenstein-Rodan P.N.，"Problems of Industrialization of Eastern and South-Eastern Europe"，*The Economic Journal*，Vol.53，1943.

Rostow W.W.，*The Stages of Economic Growth: A NonCommunist Manifesto*，Cambridge: Cambridge University Press，1990.

Sachs，J.D.，"From Millennium Development Goals to Sustainable Development Goals"，*The Lancet*，Vol.379，No.9832 2012.

Sachs，J.D.，"Goal-based Development and the SDGs: Implications for Development Finance"，*Oxford Review of Economic Policy*，Vol.31，Iss.3-42015.

Salamon L. M.，"The new Governance and the Tools of Public Action: An Introduction"，*Fordham urban law journal*，Vol.28，No.5，2000.

Sustainable Development Soturtion Network，Index and Dashboards Report2018: Global Responsibilities[R/0L]，New York:UN，[2018-9-18]，http ://www.sdgindex.org/assets/ files/2018/01f20SD5Sf205LOBAL%20EDITIONf20WEB-f20V9f20180718.pdf.

Snyder F.，"Soft Law and Institutional Practice in the European Community"，*Natural Gas Joil*，Vol.79，No.5，1994.

Steffenw，Richardsonk，Rockstromj，et al.，"Planetary Boundaries: Guiding Human Development on a Changing Planet"，*Science*，Vol.347，Iss.6223（2015）.

Sweden Government, Sweden and the 2030 Agenda, Report to the UN High Level Political Forum 2017 on Sustainable De- velopment, [R/OL], [2018-06-22]. https://www.government. se/49f428/contentassets/400a 1 1 8a 1 4b94750a6 1 e42b620a9de©/ sweden-and-the-2030-agenda-report-to-the-un-high-levvl-political-forum-2017-on-sustainabl-edevelopment.pdf.

Toye J. and Toye R., *The UN and Global Political Economy: Trade, Finance and Development*, UN Intellectual History Project, Bloomington: Indiana University Press, 2004.

UN Department of Public Information, *Charter of the United Nations*, New York: UN, 1945 and later years.

UN, Measures for the Economic Development of Underdeveloped Countries, New York: UN, 1951.

UN, Measures for International Economic Stability, New York: UN, 1951.

UN, National and International Measures for Full Employment, New York: UN, 1949.

United States Department of State, United States Tentative Proposals for a General International Organisation Washington, DC: USDA, 18 July 1944.

Vleuten A., "Pincers and Prestige: Explaining the Implementation of EU Gender Equality Legislation", *Comparative European Politics*, Vol.3, No.4, 2005.

W. Arthur Lewis, "Economic Development with Unlimited Supplies of Labour", *The Manchester School*, Vol.22, 1954.

WWF, *Living Planet Report 2016: Risk and Resilience in a New Era*, Switzerland: WWF International, 2016.

Yves B. and Paul R., " The ECE: A Bridge between East and West", *in Unity and Diversity in Development Ideas*, Bloomington: Indiana University Press, 2004.

Yves B. and Paul R., *Unity and Diversity in Development Ideas Perspectives from the UN Regional Commissions*, Bloomington: Indiana University Press, 2004.

Zhang S, Zhu D J, Shi Q H, et al., "Which Countries are More Ecologically Efficient in Improving Human Well-being?An application of the Index of Ecological

Well-being Performance", *Resources, conservation and recycling*, Vol.129, （2018）.

Zhu D J., "Research from Global Sustainable Development Goals to Sustainability Science Based on the Object-subjectprocess Framework", *Chinese Journal of Population Resources and Environment*, Vol.15, No.1 （2017）.

Zhu D J, WU Y. Plan C, "China's Development under the Scarcity of Natural Capital", *Chinese Journal of Population Resources and Environment*, Vol.5, No.3 （2007）.

Zhu D J, Zhang S, Sutton D B., "Linking Daly's Proposition to Policymaking for Sustainable Development: Indicators and pathways", *Journal of Cleaner Production*, Vol.102, （2015）.

缩略语索引表

AAAA：亚的斯亚贝巴行动议程（Addis Ababa Action Agenda）

AIDS：艾滋病，获得性免疫缺损综合征（Acquired immune deficiency syndrome）

ASG：助理秘书长（Assistant Secretary-general）

ASYCUDA：海关数据自动化系统（Automated System for Customs Data）

CEDAW：消除对妇女一切形式歧视公约（Convention on the Elimination of all forms of Discrimination Against Woman）

CRC：儿童权利公约（Convention on the Rights of Child）

DAC：发展援助委员会（Development Assistance Committee）

DAO：一体行动（Delivering as One）

DD1，DD2：联合国第一、第二个发展十年（First，Second UN Development Decade）

EBRD：欧洲复兴开发银行（European Bank for Reconstruction and Development）

ECAFE：亚洲及远东经济委员会（Economic Commission for Asia and the Far East）

ECOSOC：联合国经济及社会理事会（Economic and Social Council）（UN）

EFA：全民教育（Education for All）

EFO：经济和金融组织（Economic and Financial Organisation）

EPTA：技术援助扩大方案（Expanded Programme of Technical Assistance）

ERP：企业资源平台（Enterprise Resource Platform）

FAO：联合国粮食及农业组织（Food and Agriculture Organization of the United

Nations）

GAVI：全球疫苗和免疫联盟（Global Alliance for Vaccines and Immunization）

GDP：国内生产总值（Gross Domestic Product）

GEF：全球环境基金（Global Environment Facility）

GNP：国民生产总值（Gross National Product）

GSP：普遍优惠制（Generalized System of Preferences）

HDI：人类发展指数（Human Development Index）

HDR：人类发展报告（Human Development Report）

HRC：人权理事会（Human Rights Council）

IAEA：国际原子能机构（International Atomic Energy Agency）

IBRD：国际复兴开发银行（International Bank for Reconstruction and Development）

ICAO：国际民用航空组织（International Civil Aviation Organization）

IFAD：联合国国际农业发展基金（International Fund for Agriculture Development）（UN）

ILO：国际劳工组织（International Labour Organization）

IMF：国际货币基金组织（International Monetary Fund）

IMO：国际海事组织（International Maritime Organization）

INSTRAW：联合国提高妇女地位国际研究训练所（International Research and Training Institute for the Advancement of Women）（UN）

IPC：商品综合方案（Integrated Programme for Commodities）

IPCC：政府间气候变化专门委员会（Intergovernmental Panel on Climate Change）

IPF：指示性规划数字（Indicative Planning Figure）

ISO：国际标准化组织（International Organization for Standardization）

ITC：国际贸易中心（International Trade Centre）

ITU：国际电信联盟（International Telecommunication Union）

LDC：最不发达国家（Least Developed Country）

MDG：千年发展目标（Millennium Development Goal）

MOP：缔约方会议（Meeting of the Parties）

NAM：不结盟运动（Non-Aligned Movement）

NGO：非政府组织（Non-Governmental Organization）

NIEO：国际经济新秩序（New International Economic Order）

OCHA：人道主义事务协调厅（Office for the Coordination of Humanitarian Affairs）

OEEC：欧洲经济合作组织（Organisation for European Economic Cooperation）

OWG：开放工作组（Open Working Group）

SDG：可持续发展目标（Sustainable Development Goals）

SDR：特别提款权（Special Drawing Right）

SUNFED：联合国经济发展特别基金（Special United Nations Fund for Economic Development）

TAA：技术援助管理局（Technical Assistance Administration）

TAB：技术援助理事会（Technical Assistance Board）

TAC：技术援助委员会（Technical Assistance Committee）

UNAIDS：联合国艾滋病规划署（Joint United Nations Programme on HIV/AIDS）

UNCAC：联合国反腐败公约（United Nations Convention against Corruption）

UNCTAD：联合国贸易和发展会议（United Nations Conference on Trade and Development）

UNDESA：联合国经济和社会事务部（United Nations Department of Economic and Social Affairs）

UNDP：联合国开发计划署（United Nations Development Programme）

UNECE：联合国欧洲经济委员会（United Nations Economic Commission for Europe）

UNEP：联合国环境规划署（United Nations Environment Programme）

UNFCCC：联合国气候变化框架公约（United Nations Framework Convention on Climate Change）

UNFPA：联合国人口基金（United Nations Population Fund）（原名联合国人口活动基金，United Nations Fund for Population Activities）

UN-Habitat：联合国人类住区规划署（United Nations Human Settlements Programme）

UNHCR：联合国难民事务高级专员公署（United Nations High Commissioner for

Refugees）

UNICEF：联合国儿童基金会（United Nations Children's Fund）（原名联合国国际儿童紧急救助基金，United Nations International Children's Emergency Fund）

UNICRI：联合国区域间犯罪和司法研究所（United Nations Interregional Crime and Justice Research Institute）

UNIDO：联合国工业发展组织（United Nations Industrial Development Organization）

UNIFEM：联合国妇女发展基金（United Nations Development Fund for Women）

UNODC：联合国毒品和犯罪问题办公室（United Nations Office on Drugs and Crime）

UNOPE：联合国项目执行办公室（United Nations Office for Projects Execution）

UNRC：联合国驻地协调员（United Nations Resident Coordinator）

UNRRA：联合国善后救济总署（United Nations Relief and Rehabilitation Administration）

UNRWA：联合国近东巴勒斯坦难民救济和工程处（United Nations Relief and Works Agency for Palestine Refugees in the Near East）

UNU：联合国大学（United Nations University）

UNV：联合国志愿者组织（United Nations Volunteers）

UN Women：联合国促进性别平等和增强妇女权能署（United Nations Entity for Gender Equality and the Empowerment of Women）

UNWTO：联合国世界旅游组织（United Nations World Tourism Organization）

UPR：普遍定期审查（Universal Periodic Review）

UPU：万国邮政联盟（Universal Postal Union）

WFP：联合国世界粮食计划署（World Food Programme）（UN）

WHO：世界卫生组织（World Health Organization）

WIPO：世界知识产权组织（World Intellectual Property Organization）

WMO：世界气象组织（World Meteorological Organization）

WTO：世界贸易组织（World Trade Organization）

责任编辑：段海宝　戚万迁

图书在版编目（CIP）数据

联合国发展系统功能实现与改革方向研究／梁琳 著 . —北京：
人民出版社，2023.4
ISBN 978－7－01－025374－9

I.①联…　II.①梁…　III.①联合国－组织机构－研究　IV.① D813.4

中国版本图书馆 CIP 数据核字（2022）第 258241 号

联合国发展系统功能实现与改革方向研究

LIANHEGUO FAZHANXITONG GONGNENG SHIXIAN YU GAIGE FANGXIANG YANJIU

梁　琳　著

人民出版社 出版发行

（100706　北京市东城区隆福寺街 99 号）

北京九州迅驰传媒文化有限公司印刷　新华书店经销

2023 年 4 月第 1 版　2023 年 4 月北京第 1 次印刷
开本：710 毫米 × 1000 毫米 1/16　印张：13
字数：150 千字

ISBN 978－7－01－025374－9　定价：48.00 元

邮购地址 100706　北京市东城区隆福寺街 99 号
人民东方图书销售中心　电话（010）65250042　65289539